Na Ubook você tem acesso a este e outros milhares de títulos para ler e ouvir. Ilimitados!

Audiobooks Podcasts Músicas Ebooks Notícias Revistas Séries & Docs

Junto com este livro, você ganhou **30 dias grátis** para experimentar a maior plataforma de audiotainment da América Latina.

Use o QR Code

OU

1. Acesse **ubook.com** e clique em Planos no menu superior.
2. Insira o código **GOUBOOK** no campo Voucher Promocional.
3. Conclua sua assinatura.

ubookapp

ubookapp

ubookapp

Paixão por contar histórias

Roy Lilley

COMO LIDAR COM PESSOAS DIFÍCEIS

Criando estratégias para tornar os relacionamentos mais produtivos

TRADUÇÃO
UBK Publishing House

© 2008, 2013, 2016, 2019,, Roy Lilley
Copyright da tradução © 2020, Ubook Editora S.A.

Publicado mediante acordo com Kogan Page. Edição original do livro *Dealing with Difficult People: Fast, Effective Strategies for Handling Problem People*, publicada por Kogan Page.

Todos os direitos reservados. Nenhuma parte deste livro pode ser utilizada ou reproduzida sob quaisquer meios existentes sem autorização por escrito dos editores.

COPIDESQUE	Mariá Moritz Tomazoni
REVISÃO	Ísis Pinto | Larissa Salomé
CAPA E PROJETO GRÁFICO	Bruno Santos
IMAGEM DA CAPA	Nikolaeva - shutterstock.com

Dados Internacionais de Catalogação na Publicação (CIP)
(Câmara Brasileira do Livro, SP, Brasil)

Lilley, Roy
  Como lidar com pessoas difíceis : criando estratégias para tornar os relacionamentos mais produtivos / Roy Lilley; tradução UBK Publishing House. -- Rio de Janeiro : Ubook Editora, 2020.

  Título original: Dealing with difficult people : fast, effective strategies for handling problem people
  ISBN 978-65-86032-63-5

  1. Empregados problemáticos 2. Relações com os clientes 3. Relações de trabalho 4. Relações interpessoais I. Título.

20-36469   CDD-658.3145

Ubook Editora S.A
Av. das Américas, 500, Bloco 12, Salas 303/304,
Barra da Tijuca, Rio de Janeiro/RJ.
Cep.: 22.640-100
Tel.: (21) 3570-8150

SUMÁRIO

Sobre este livro-7

01 Um breve curso em relações humanas-11
Difícil, eu?-11

02 Os sete tipos de pessoas difíceis-17
Reconhece alguém?-17
Primeiro, o diagnóstico-26

03 Lidando com chefes difíceis-36
O chefe zangado-36
Nunca deixe que vejam você suar-39

04 Lidando com colegas difíceis-42
Loucura da competição-43
Rivais, antagonistas e virando pessoal-44
São sempre os quietinhos-45

05 Lidando com funcionários difíceis-47
Independente ou teimoso?-51
Quando o ponteiro grande chega no doze-52
Os bons chefes não se intrometem — mas deveriam tentar-54
Acenando ou se afogando-54
Descobrindo se você realmente tem sido um bom chefe-57
Funcionários seriamente difíceis-58

06 Massageando o egoísta-60
Se a dificuldade é um chefe egocêntrico-60
Se a dificuldade é um egoísta trabalhando para você-61

O colega egocêntrico-**61**
Derrubando o sabe-tudo-**61**

07 Lidando com pessoas agressivas-64
Se um gerente agressivo está tentando descartar as suas ideias-**65**
Se você estiver preso a um projeto que nunca dará certo-**65**
Se você está sendo apunhalado pelas costas-**66**

08 Lidando com a preguiça-68
Contadores de segundos e seguidores de regras-**69**
Se você for atrasado por um colega ocioso-**70**
Um chefe que enrola-**71**
Como se come um elefante-**71**
O excepcionalmente preguiçoso-**72**

09 Vencendo os valentões no seu próprio jogo-73
O ditador escandaloso-**74**
Quando todo o resto falha-**75**
O colega fogos de artifício-**75**

10 Reclamões, resmungões e críticos-78
Tortura em água fria-**79**
Tente construir alianças, coalizões e conexões-**80**
Quando os críticos apontam a arma contra si mesmos-**81**

11 Os perfeccionistas podem ser um pé no saco-83
O que motiva os perfeccionistas-**84**
Regras são regras-**85**
O chefe perfeccionista-**86**

12 Manipulando os manipuladores-87
Se você está sendo direcionado a assumir a culpa-**88**
Vamos fazer um acordo-**88**
Se você se lisonjeia facilmente-**91**

Se você é lisonjeado pela sua equipe-**91**

13 Moral, atitude e como foi para você?-**93**
Se você está farto dos doentes-**96**
Todos doentes ao mesmo tempo-**96**
Panelinhas-**98**

14 Caça-problemas e superdetalhistas-**100**
Se você tem um chefe caça-problemas-**101**
Colegas superdetalhistas-**101**

15 Fofocas: um incêndio na floresta completamente dispensável-**104**
A resposta ao problema da fofoca-**106**
É melhor prevenir do que remediar-**107**

16 O cliente está sempre certo... será?-**110**
Lidando com clientes difíceis-**111**
Você quer isso para quando?-**111**
Evitando problemas-**112**
O cliente muito, muito, muito difícil-**112**
Lembre-os de como você é bom-**113**
O escandaloso-**114**
Ao telefone-**114**
Em público-**115**
Se um membro da sua equipe perde a paciência-**115**
Quando o escandaloso é o chefe-**116**
Lidando com pessoas rudes sem ser rude-**117**
Rudeza disfarçada-**117**

17 Queixas: nós as amamos-**119**
Seis passos para o sucesso-**119**
Ouça-**120**
Seja compreensivo-**120**

Não se justifique-**120**
Faça anotações-**121**
Chegue a um acordo sobre o curso de ação-**121**
Termine o que começou-**122**

18. **E-dificil@suaempresa-125**

19. **Redes sociais-128**
Um conselho para os sábios-**129**
Cyberbullying, o que é isso?-**129**
Gestão deficiente-**131**
É muito fácil-**132**
O que você pode fazer para se proteger do cyberbullying?-**132**
Você não está sozinho-**134**
O que você deve fazer se sofrer bullying — eletrônico ou presencial-**135**
Dez dicas para evitar o bullying no Facebook-**136**

20. **Se as coisas não mudarem, vão ficar na mesma-141**
As quatro fases da mudança-**141**
Lidando com pessoas difíceis durante um período de mudança-**143**
Resistência-**143**
Confusão-**144**
Rejeição-**144**
Caos-**145**

21. **Um guia rápido sobre conflito e como lidar com ele-148**
O que é conflito-**148**
Lidando com o conflito: dez passos para esfriá-lo-**149**

22. **E, finalmente...-154**
Como motivar uma equipe de vendas-**156**

SOBRE ESTE LIVRO

Este não é um livro para ser lido de ponta a ponta. Não é *Guerra e paz*, embora espero que dê alguma ideia sobre como ter mais paz do que guerra.

Este é um livro para se mergulhar, procurar o indivíduo ou a situação que está lhe causando problemas, encontrar uma solução, aplicá-la e seguir em frente. A vida é muito curta para gastar tempo discutindo com as pessoas.

Este é um livro para rabiscar nas páginas, arrancar pedaços e fazer todas as coisas que a sua antiga escola proibiria! Este é um livro de consulta, mas não de referência. Um livro para se mergulhar, mas sem se afogar.

Este é um livro que você pode usar para melhorar o próprio desempenho ou como fonte de ideias para melhorar o desempenho de sua equipe.

Para aqueles sem experiência, pessoas difíceis podem ser uma desgraça em suas vidas, uma mancha na paisagem, e causar problemas reais na hora de trabalhar. Este livro foi concebido para ajudá-lo a apreciar essas pessoas. Quando você tiver a chave, poderá destrancá-las, influenciá-las e fazer com que trabalhem para você, e elas nunca vão reparar.

Primeira regra

Não existem pessoas difíceis. Existem apenas pessoas com que nós precisamos aprender a lidar.

Segunda regra
Releia a primeira regra.

01. UM BREVE CURSO EM RELAÇÕES HUMANAS

Este livro é sobre como lidar com pessoas difíceis. Entendeu?

Ele não é sobre situações difíceis ou questões difíceis. Vamos nos concentrar nas pessoas. As difíceis com certeza lhe proporcionarão maus momentos, situações horríveis e incômodos para superar. No entanto, o centro de tudo isso são as pessoas. Ao compreender como elas funcionam, o que pensam e porque agem de tal forma, podemos evitar os momentos ruins e as situações absurdas, e superar as questões desagradáveis.

Se plantarmos algumas sementes e elas não florescerem, não devemos culpar a flor. Pode ser o solo, o fertilizante ou a falta de água. Quem sabe? O importante é descobrir qual é o problema e então resolvê-lo.

Se temos dificuldades com as nossas famílias, com as pessoas com quem trabalhamos ou com os nossos amigos, de que serve culpá-los? Descubra a razão e depois a solucione.

DIFÍCIL, EU?

Sim, você! Antes de pensar em lidar com pessoas difíceis, vamos começar por você. Você é difícil? É você que está fora de sintonia com os outros? É você que tem um problema? Tente o exercício a seguir. Você acha que este é o tipo de coisa que pessoas difíceis falam? Provavelmente, não. Este exercício deve ajudá-lo a se autoavaliar e refletir honestamente se você poderia ser aquele com problema.

Exercício

Mantenha um relatório para quantas vezes você pode usar as frases abaixo em uma semana:

Contabilização

Eu admito que cometi um erro.
Você fez um bom trabalho.
Qual a sua opinião?
Você se importaria?
Obrigado(a).

Reflita sobre o impacto que essas frases tiveram em suas interações com os outros.

Dica

É muito provável que as pessoas realmente difíceis sejam egoístas e egocêntricas. Elas não querem saber de você. Tudo tem que ser sobre elas. Então, não deixe que isso lhe afete. A regra número um em lidar com pessoas difíceis é: Não leve para o lado pessoal!

Tudo bem, então o que você deve fazer quando encontrar uma pessoa difícil? Fácil. Esteja preparado. Você pode fazer isso seguindo o processo de pensamento descrito na Figura 1.1.

Figura 1.1 - Preparação para um encontro com uma pessoa difícil

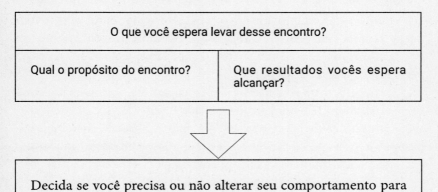

Isso não significa que você deve deixar que pessoas rudes passem por cima de você, mas que não se entra despreparado em uma briga.

> **Exercício**
>
> Da próxima vez que alguém for rude com você, tente isto: "Não sei bem o que você quis dizer com essa observação. Pode me explicar, por favor?" Normalmente isso leva as pessoas a baixarem o tom. Enquanto elas se acalmam, não se esqueça do "por favor"!

Aqui está uma notícia ruim: as pessoas legais nem sempre são como você! Sim, sei que o mundo seria um lugar muito mais simples se todos fossem como você, mas não são. As pessoas têm origens diferentes, formações diferentes, perspectivas e ambições diferentes. Elas serão motivadas de maneira diferente e pensarão de maneira diferente. Mas ainda podem ser boas pessoas!

Pense sobre isso! A verdade brutal é que elas não querem saber de você. Isso pode ser um choque, mas não há muita gente por aí que se preocupa de verdade com você. Há sua mãe, ela provavelmente ainda te ama; sua família;

seus parceiros e alguns amigos, talvez. Mas na hora H você está por conta própria.

A forma como tratamos uns aos outros é, em grande parte, um produto do que sentimos um pelo outro. A maioria dos indivíduos começa com um posicionamento neutro, outra parte é completamente antagônica, mas o fato é que a massa não liga pra você.

E fica pior! As pessoas difíceis só se preocupam consigo mesmas. É tudo sobre elas, sempre. E é por isso que são tão difíceis.

O que você pode fazer sobre isso? A resposta brutal é: não muito! É bastante improvável que você consiga mudá-las. Por que se incomodar? Há uma maneira muito mais fácil de lidar com estas situações.

Lembre-se: as pessoas complicadas são previsíveis. Evite conflitos. Se puder, não discuta. Resolva disputas tentando adotar uma autoridade superior que seja neutra. Um livro de regras, um protocolo de sistemas, um manual de serviço ou a política da empresa podem fornecer a resposta. Não torne isso um problema pessoal.

Esta postura simples tornará a sua vida muito mais fácil. Quantas vezes você já ouviu as pessoas dizerem "Ah, não se incomode com ele, ele é muito difícil" ou "Não pergunte nada a ela, ela vê problema em tudo".

Tenha em mente que pessoas difíceis não são difíceis só com você. Por estarem focadas em si mesmas, são difíceis com todos.

Dica
A previsibilidade é simples. Você pode se preparar para as pessoas difíceis, pode planejar como agir, conspirar, esquematizar e maquinar contra elas. Elas estão presas em seus próprios padrões. Tudo o que você precisa fazer é ter uma margem para manobrar.

Isso não significa tornar-se um pau-mandado ou alguém que desiste facilmente de suas convicções. Significa usar mais a razão do que a emoção. O truque é decidir com antecedência o que você quer de um encontro, planejar e ir em frente. A Tabela 1.1 mostra algumas abordagens a se considerar.

Tabela 1.1- Abordagens para lidar com pessoas difíceis

Dificuldade	Abordagem	Exemplo
Se você sabe que alguém procura pelo em ovo...	Dê detalhes.	No relatório, incluí todos os antecedentes de que me lembro, com folhas de cálculo para quatro possíveis cenários. Diga-me se precisar de mais alguma coisa.
Se é alguém impaciente...	Vá direto ao assunto, evite encher linguiça e foque no âmago da questão.	Eu sei que você está muito ocupado, por isso vou direto ao assunto. O que você pensa sobre a próxima fase do desenvolvimento?
Se alguém é um egocêntrico...	Diga-lhe como ele é incrível.	Eu sei que você é especialista nisto, então juntei os detalhes e fiz algumas recomendações. Mas posso deixar em suas mãos a tarefa de pensar em algumas direções alternativas, se achar que elas podem ser melhores?

A estratégia é fácil. Você não vai mudar uma pessoa difícil sendo difícil. Ao decidir o que quer tirar do encontro e se preparar para manobrar, desviar, mudar, ou seja lá o que for, você acaba ganhando. Acaba conseguindo o que quer.

Isso é tão fácil que você vai desejar que todos sejam difíceis, porque estes são os mais fáceis de administrar!

Resumo

- A primeira coisa que o ajudará a compreender como lidar com pessoas difíceis é o fato de sermos todos diferentes, e isso pode ser uma coisa boa! Mas, no fim das contas, é cada um por si, elas não se importam com você.
- Não se esqueça de considerar se o difícil é você! Seja honesto consigo mesmo.
- Reserve um tempo para se preparar para um encontro com uma pessoa difícil.
- Depois de decidir qual é o seu objetivo para o encontro, você pode adaptar a sua abordagem e manobrar esta pessoa em torno de qualquer coisa.

02. OS SETE TIPOS DE PESSOAS DIFÍCEIS

(COMO PARECER UM ESPECIALISTA EM POUQUÍSSIMO TEMPO)

Está muito ocupado para ler o livro todo agora? Tudo bem, faça uma pausa e leia estas próximas páginas — é tudo o que precisa por enquanto. Você vai se tornar um especialista!

RECONHECE ALGUÉM?

Há sete tipos básicos de personalidade que são arquivados na gaveta "difícil". Mais para frente veremos outros tipos, mas eles são derivados dos sete pecadores originais. Aqui está um guia rápido para se tornar um especialista completo, com opiniões de alguns dos principais pensadores nos quais você pode se basear.

Tabela 2.1 - Sete tipos de personalidade

Tipo 1 Hostil, agressivo, beligerante e ofensivo

Como reconhecê-los?

Assustadores, alarmantes e absolutamente aterradores. Eles frequentemente são vistos como provocadores e malucos por controle. Vamos analisar os três principais tipos de personalidade para esta categoria:

- O tanque de guerra
- O franco-atirador
- O detonador

A visão do especialista

- *O tanque de guerra*

Eles saem atirando. São abusivos, impacientes, intimidadores e avassaladores. Atacam os comportamentos e características individuais. Eles o bombardeiam com críticas e argumentos incessantes. Os tanques de guerra, geralmente, atingem seus objetivos no curto prazo, mas à custa de amizades perdidas e destruições de relacionamentos de longo prazo.

- *O franco-atirador*

Os franco-atiradores preferem uma abordagem mais protegida. Eles criam uma frente de simpatia por trás da qual atiram a esmo, fazem insinuações e brincadeiras que na verdade não são brincadeiras e provocam de um jeito não tão sutil. Eles usam restrições sociais para criar um lugar protegido a partir do qual conseguem atacar quem lhes causa raiva ou inveja. Eles emparelham seus projéteis verbais com sinais não verbais de gozação e amizade. Isso cria uma situação em que qualquer retaliação ao atirador pode ser vista como um ato agressivo, como se você estivesse atacando e não se defendendo. Tal como o tanque de guerra, estes acreditam que fazer os outros parecerem maus faz com que eles pareçam bons. Eles também têm um forte senso do que os outros deveriam estar fazendo, mas suas constantes observações agressivas desmotivam os colegas em vez de produzir resultados.

• *O detonador*

Seus surtos podem irromper de conversas e discussões que parecem começar de forma amigável. Normalmente ocorrem quando ele se sente física ou psicologicamente ameaçado. Na maioria dos casos, a resposta de um detonador a uma sensação de ameaça é primeiro a raiva, seguida de culpa ou suspeita.

FONTE: Bramson (1988)

Tipo 2 **Reclamão, resmungão e ranzinza**

Como reconhecê-los?

Os reclamões queixam-se de tudo, mas nunca parecem tomar qualquer medida para mudar algo. É quase como se gostassem de ter do que resmungar. Eles não são indivíduos que têm queixas legítimas ou desejam encontrar uma solução para o problema. O reclamão é alguém que encontra falhas em tudo. Às vezes eles têm um motivo real, mas raramente querem encontrar uma maneira de resolver o problema.

A visão do especialista

As queixas constantes podem fazer com que as pessoas ao redor dele se coloquem na defensiva. Os queixosos se veem como impotentes, normativos e perfeitos. Estas crenças os levam a converter a resolução de problemas em queixas. O sentimento de impotência faz com que pensem que não podem mudar as coisas, por isso é melhor reclamarem com as pessoas ao redor. Esta atitude normativa dá-lhes um forte ideia de como as coisas devem ser, e qualquer desvio em relação a isso produz reclamações. As queixas são uma forma deles confirmarem que não estão no controle ou que não são responsáveis por coisas que são feitas de forma errada, reafirmando o perfeccionismo.

FONTE: Bramson (1988)

Dica

Uma vez que os reclamões têm uma forte ideia de como as coisas devem ser, seria possível aproveitar a energia deles para mudar as coisas? É importante levar em conta que só porque alguém tem certos traços de caráter, não necessariamente deve ser descartado.

Tipo 3
Silencioso, indiferente e discreto

Como reconhecê-los?
Uma pessoa silenciosa e indiferente lida com qualquer situação desagradável se retraindo. Pergunte o que eles pensam e você será recompensado com um grunhido!

A visão do especialista
Os indiferentes usam o silêncio como arma de defesa, para evitar revelar-se e, consequentemente, evitar a reprimenda. Por outro lado, o silêncio pode ser usado como um dispositivo agressivo e ofensivo para lhe machucar negando-lhe o acesso. Aqueles que são taciturnos em alguns casos podem desconfiar de outros, o que explica a necessidade de se fechar. Às vezes, manter a quietude é uma forma de evitar a própria realidade. Quando as palavras são ditas, elas revelam pensamentos e medos, o que pode ser assustador. O silêncio pode ser usado para mascarar o temor e a raiva ou pode ser uma recusa vingativa de cooperação.

Este tipo de pessoa tende a ser extremamente difícil de lidar por causa da barreira de comunicação que é criada. Na maioria dos casos, ela não estará muito disposta a conversar abertamente. Quando o indiferente fala, pode haver períodos longos de mudez devido à falta de confiança que tem em si mesmo e em sua vida. Isso pode resultar em uma quebra de comunicação, e levar a uma interação improdutiva. Aqueles com esse tipo de comportamento, geralmente, exibem determinada linguagem corporal, como encarar, franzir a testa ou dobrar os braços em uma posição desconfortável.

FONTE: Lewis-Ford (1993)

Dica

Lidar com pessoas difíceis é exatamente isso: lidar com elas e usar os talentos que elas têm. Uma boa gestão é quando se consegue o melhor de todos.

Tipo 4
Superagradável

Como reconhecê-los?

O superagradável é razoável, sincero e solidário na sua frente, mas nem sempre cumpre o prometido. Ele quer ser amigo de todos, adora atenção. No entanto, há um lado mais sombrio. Este tipo tende te manipular com dicas enganosas e referências a problemas que foram levantados. Ele concorda, de bom grado, com seus planos de realizar a tarefa. Contudo, decepciona você ao não entregá-la.

A visão do especialista

Todos precisam se sentir aceitos e valorizados pelos outros. Há um ponto de equilíbrio que integra as nossas necessidades de fazer um trabalho de qualidade e de encontrar um lugar razoável na cadeia alimentar. Para o superagradável, o fardo é tão extremo que eles sentem necessidade quase desesperada de serem apreciados por todos. O método é dizer coisas que são agradáveis de ouvir. Eles também usam o humor como uma forma de facilitar suas conversas com os outros. Este tipo de pessoa difícil apresenta um problema ao levá-lo a pensar que está de acordo com os seus planos, apenas para desapontá-lo depois. A necessidade forte de dar e receber aprovação pode entrar em conflito com os aspectos negativos da realidade. Em vez de perder diretamente amizades ou consentimento, eles se comprometerão com ações que não podem ou não vão cumprir.

FONTE: Bramson (1988)

Dica

Relacionamentos, alianças — o local de trabalho não pode funcionar sem pessoas superagradáveis. Um bom gerente reconhece os funcionários que assumem mais do que podem entregar. Negar-lhes um trabalho é, aos olhos deles, negar-lhes amizade, ignorá-los. É fácil ferir os seus sentimentos. A realidade é muitas vezes um antídoto muito frio para o calor da amizade.

Tipo 5
Negativo

Como reconhecê-los?

A pessoa negativa é uma influência corrosiva nos grupos e pode ser muito desanimadora para o individual. Enterrada em toda essa negatividade está a capacidade de uma "profunda convicção pessoal" e a habilidade de ver através das tarefas em que tem controle direto. Todos têm algo a oferecer. Você consegue entender a ideia de que não há uma pessoa má, apenas gestores com mau desempenho?

A visão do especialista
O negativo é melhor descrito como uma personalidade que não só discorda de quaisquer sugestões em grupo, mas também é o primeiro a criticar o seu progresso. Embora suas críticas possam ser interpretadas como construtivas, isso perturba a evolução em um ambiente de trabalho, e pode ter um impacto negativo nas relações interpessoais dentro de uma situação profissional. Outra referência comum ao negativo é ser cético. Estes indivíduos gostam de destruir e abrir buracos em tudo o que está sendo dito no momento. Eles deixam de ser bem-vindos com o tempo, à medida que as pessoas percebem a sua negatividade crônica. Dentro do caráter de alguém que é considerado negativo existe uma pessoa que tem dificuldade para lidar com um conflito interior profundo. Isso normalmente vem de um sentimento de que eles não controlam as próprias vidas. O negativo é incapaz de trabalhar com o desapontamento humano básico. Ele acredita que todos podem se identificar e compreender o poço da decepção que ele sente em relação à humanidade e à nossa própria imperfeição. Enquanto estas pessoas estão tão incrivelmente amarguradas com a vida e com a forma como ela as trata, elas são capazes de ter convicções pessoais profundas sobre qualquer tarefa que lhes seja colocada à frente. No entanto, se não estiverem no controle direto do projeto, falharão, porque acreditam que ninguém pode lidar ou executar uma tarefa como elas podem.

FONTE: Rosner (2000)

Tipo 6
Sabe-tudo

Como reconhecê-los?
Os sabe-tudo têm uma necessidade esmagadora de serem reconhecidos pela sua capacidade intelectual. São tediosos, maçantes e chatos! Eles podem ser valentões também. Sentem-se tão certos de que estão com a razão, que parece inútil discutir. Eles gostam de se comunicar como se estivessem falando com uma criança. Muito irritante! O segundo tipo de sabe-tudo domina as conversas e gosta de ser o centro das atenções. O problema é que, ao lerem uma matéria sobre um assunto, já se acham mestre. Alguns sabe-tudo chegam até a compensar qualquer déficit de informação ou conhecimento inventando fatos.

A visão do especialista
O sabe-tudo pode estar sofrendo de falta de autoestima ou não conseguir colaborar, no nível em que gostaria, com ideias para a equipe. O tempo necessário para ouvir os discursos intermináveis de um sabe-tudo pode levar à perda de tempo na conclusão de projetos ou tarefas. Os problemas dos sabichões provêm da necessidade de outros pensarem neles como sendo importantes e respeitáveis. Normalmente, as pessoas que são confrontadas com uma situação que envolve um sabe-tudo ficam frustradas. Isto leva a uma tensão nas relações de trabalho.

FONTE: Raffenstein (2000)

Dica
Existe um papel para um sabe-tudo? Se eles gostam do poder do conhecimento, talvez a resposta seja torná-los especialistas. Envie-os para um curso.

Tipo 7
Indeciso e hesitante

Como reconhecê-los?
Dentro do indeciso está um perfeccionista tentando sair. Mas parece que eles não conseguem liberá-lo. De acordo com Bramson, este tipo de personalidade geralmente vem em dois tipos. O primeiro quer que as coisas sejam feitas à sua maneira ou que não sejam feitas; o segundo é alguém que, às vezes, prolonga intencionalmente as discussões injetando pontos de vista diferentes e frustrando a todos no processo.

A visão do especialista
A pessoa indecisa pode ser aquela que normalmente não é boa em comunicar seus pensamentos, suas necessidades e suas opiniões aos que a rodeiam. Na melhor das hipóteses, estas enrolam porque são incapazes de lidar com o estresse a um nível alto ou baixo. Para enfrentar o estresse, elas procrastinam, e isso afeta os colegas de trabalho e outras pessoas ao seu redor. Elas também empacam por não considerarem formas alternativas de fazer um trabalho. Assim, aqueles que estão esperando uma decisão perdem o entusiasmo e o compromisso com o projeto ou com a pessoa, o que acaba desestimulando a equipe. Apesar do seu sucesso em fugir da decisão, o típico indeciso fica estressado por causa de várias tensões. Isso não significa que não expressem uma decisão ou sentimento através de comunicações indiretas. Na verdade, eles são mestres em linguagem corporal, resmungos ou grunhidos baixos, ou mesmo contato visual. Se o indeciso optar por se expressar verbalmente com outras pessoas, ele o faz com frases curtas. Muitas vezes, essas informações são ignoradas ou rejeitadas por colegas de trabalho que já se sentem frustrados pela falta de retorno que receberam daquela pessoa. Eles também são sensíveis e podem reter informações porque estão preocupados com a forma como serão percebidas pelo grupo ou pela pessoa que as está recebendo. Se a informação não for vital, eles sentem que suas opiniões não importam e que outra pessoa lidará com um conflito ou problema com o qual estão preocupados.

FONTE: Bramson (1988)

Exercício

Lembre-se de alguns momentos em que você encontrou pessoas difíceis. Assinale aqueles tipos com que você mais se deparou. Avalie seu nível de dificuldade, sendo 1 os que você achou menos difíceis. Isto irá te indicar o tipo com os quais você precisa trabalhar mais para saber lidar.

Tipo	Encontrado?	Dificuldade?
• Hostil, agressivo, beligerante e ofensivo		
• Reclamão, resmungão e ranzinza		
• Silencioso, indiferente e discreto		
• Superagradável		
• Negativo		
• Sabe-tudo		
• Indeciso e hesitante		

PRIMEIRO, O DIAGNÓSTICO

De que tipo são? Brad McRae, autor de *Negotiating and Influencing Skills: The Art of Creating and Claiming Value*, sugere quatro passos para diagnosticar com precisão alguém:

- A primeira coisa é observar e prestar atenção se você já viu este comportamento em três situações com a mesma pessoa. Isso é importante porque as duas primeiras vezes são provavelmente por acaso, mas a terceira indica um possível padrão.
- A segunda coisa é notar se a pessoa está ou não lidando com muito estresse, que pode estar causando esse comportamento adverso, não sendo uma ocorrência regular.
- A terceira coisa é perguntar a si mesmo se tem sofrido de algum estresse excepcional. Ele pode causar com que você

veja o mundo de uma maneira diferente da realidade.

- A quarta: você teve uma conversa de adulto para adulto com essa pessoa? Há momentos em que ela pode não saber que seu comportamento está causando um problema, e conversar pode esclarecer um simples mal-entendido.

McRae nos diz: "A razão pela qual as pessoas entram em situações difíceis com pessoas difíceis é porque permitem que a emoção fale mais alto. Muitas vezes, quanto mais tentamos nos libertar destas situações, mais enlaçados ficamos até que algum de nós ceda."

Por que somos sugados por pessoas difíceis? De volta a McRae: todas os indivíduos têm um conjunto de valores ou crenças que os guiam ao longo da vida, especialmente, nos encontros cara a cara. O conjunto de valores de cada um é único.

Aqui está a lista de McRae com as quinze crenças centrais mais comuns:

- Eu devo ser amado ou aceito por todos.
- Eu devo ser perfeito em tudo o que faço.
- Todas as pessoas com quem eu trabalho ou convivo devem ser perfeitas.
- Eu posso ter pouco controle sobre o que me acontece.
- É mais fácil evitar dificuldades e responsabilidades do que lidar com elas.
- Desacordos e conflitos devem ser evitados a todo custo.
- As pessoas, incluindo eu, não mudam.
- Algumas pessoas são sempre boas; outras são sempre más.
- O mundo deveria ser perfeito, e é terrível e catastrófico quando não o é.
- As pessoas são frágeis e precisam ser protegidas da verdade.
- Os outros existem para me fazer feliz, e eu não posso ser feliz a menos que eles me façam assim.
- As crises são invariavelmente destrutivas, e nada de bom pode vir delas.

- Em algum lugar há o trabalho perfeito, a solução perfeita, o parceiro perfeito, e tudo o que preciso fazer é procurá-los.
- Eu não deveria ter problemas. Caso tenha, quer dizer que sou incompetente.
- Há apenas umas maneira de ver qualquer situação, a *maneira da verdade*.

Exercício

Leia a lista de crenças de McRae. Decida com que valor(es) central(is) você mais se relaciona. Pense em um momento em que teve que lidar com uma situação difícil. Isso o ajuda a entender por que achou a situação desafiadora? A compreensão permite o controle de si próprio e de suas emoções.

Dica

De acordo com McRae, ao aprendermos o primeiro passo para saber nos controlar, teremos mais capacidade de monitorar os outros e as situações em que nos encontramos.

Robert Bramson, autor de *Coping with Difficult People*, lista dicas para cada um dos sete tipos que vamos encontrar. Aqui está o seu guia rápido.

O tipo	A resposta
O tanque de guerra hostil	• Espere eles se acalmarem.
	• Não se preocupe em ser educado, comece a se comunicar como puder.
	• Consiga a atenção deles, talvez chamando-os pelo nome, se sentando ou levantando deliberadamente.
	• Fazê-los se sentar é uma boa ideia.
	• Mantenha contato visual. Exponha as suas opiniões com firmeza.
	• Não discuta com o que a outra pessoa está dizendo ou tente cortá-la.
	• Esteja pronto para ser amigável.
O franco-atirador hostil	• Tire-os de seu esconderijo. Não deixe que a convenção social os impeça.
	• Forneça uma alternativa a uma disputa direta.
	• Não se concentre no ponto de vista deles; lembre-se de envolver a todos.
	• Tente resolver rapidamente qualquer problema.
	• Previna o tiro do franco-atirador estabelecendo reuniões regulares de resolução de problemas.
	• Se você testemunhar uma situação com um franco-atirador, não se envolva diretamente, mas insista para que ele pare imediatamente.
O detonador hostil	• Espere que ele se acalme por conta própria.

O tipo	A resposta
	• Se ele não se acalmar, encerre a questão com uma frase neutra, como "Pare!". • Mostre que você o leva a sério. • Se possível, leve-o para um canto para respirar por alguns minutos.
O reclamão	• Escute atentamente as suas queixas, mesmo que se sinta culpado ou impaciente. • Mostre que está prestando atenção no que ele está dizendo, respondendo às suas declarações e verificando como se sente sobre elas. • Não concorde ou se desculpe pelas alegações, mesmo que no momento você não as aceite como verdade. • Evite a dinâmica pingue-pongue de acusação-defesa-acusação. • Declare e reconheça fatos sem adicionar comentários. • Tente ativar o modo de resolução de problemas fazendo perguntas específicas e informativas, sugerindo tarefas de averiguação ou pedindo por um resumo por escrito das reclamações, mas com uma postura séria que mostre apoio. • Se o resto falhar, pergunte: "Como você quer que essa discussão termine?"

O tipo	A resposta
O silencioso	• Em vez de tentar interpretar o que o silêncio significa, faça-o se abrir. • Faça perguntas abertas. Espere o mais calmamente que puder por uma resposta. • Use perguntas de aconselhamento para ajudá-lo a seguir em frente. • Não preencha o silêncio com a sua conversa. Planeje tempo suficiente para lhe permitir esperar com elegância. • Obtenha um acordo ou diga claramente quanto tempo reservou para a sua "conversa". • Se não tiver resposta, comente o que está acontecendo. Termine o seu comentário com uma pergunta em aberto. • Mais uma vez, espere o máximo que puder, depois comente sobre o que está acontecendo e espere novamente. Tente manter o controle da interação lidando calmamente com as respostas para "Posso ir agora?" e "Não sei". • Quando ele finalmente se abrir, esteja atento e controle seu impulso de sair falando. Continue com comentários tangenciais. Ele pode levá-lo a algo relevante. Se não o fizer, declare a sua necessidade de voltar ao tópico original. • Se continuar fechado, evite um final educado, encerre a reunião você mesmo e marque outro encontro. Informe-o sobre o que pretende fazer, uma vez que não ocorreu uma discussão de verdade.

O tipo	A resposta
O superagradável	• Você deve trabalhar arduamente para trazer à tona os fatos e as questões ocultas que impedem o superagradável de agir como você deseja.
	• Deixe claro que você o valoriza como pessoa, dizendo-lhe diretamente ou perguntando e comentando sobre família, passatempos, roupas etc. Mas só faça isso se for genuíno, pelo menos, um pouco!
	• Peça-lhe que explique o que pode interferir na sua relação.
	• Peça-lhe que diga qual aspecto do seu produto, serviço ou personalidade não é tão bom quanto poderia ser.
	• Esteja pronto para fazer concessões e negociar se sentir que há a possibilidade de um conflito aberto.
	• Preste atenção no humor do outro. Pode haver mensagens escondidas nesses gracejos e provocações.
O negativo	• Esteja alerta, evite que você ou qualquer pessoa do seu grupo seja levado para o caminho do desespero.
	• Faça declarações otimistas, mas realistas, sobre sucessos passados na resolução de problemas semelhantes.
	• Não tente eliminá-lo do pessimismo

O tipo	A resposta

- Não ofereça soluções alternativas até que o problema tenha sido discutido exaustivamente e você saiba com o que está lidando.
- Quando uma alternativa está sendo seriamente considerada, levante você mesmo dúvidas sobre eventos negativos que poderiam ocorrer se a alternativa fosse implementada.
- Em geral, esteja pronto para agir por conta própria. Anuncie o seu plano de fazer isto sem equívocos.
- Cuidado para não provocar respostas negativas de pessoas altamente analíticas pedindo-lhes que ajam antes de se sentirem prontas.

O sabe-tudo

- Certifique-se de ter feito um trabalho minucioso de preparação. Reveja cuidadosamente todos os materiais pertinentes, e verifique a sua exatidão.
- Ouça atentamente e explique os pontos principais das propostas, evitando assim uma reação exagerada.
- Evite declarações dogmáticas.
- Para discordar, seja cauteloso, mas não se equivoque, use o formulário de perguntas para levantar problemas.
- Faça perguntas extras para ajudar na reavaliação dos planos.

O tipo	A resposta

- Como último recurso, opte por ceder, evitando ruídos e, talvez, construindo uma relação de igualdade no futuro.
- Quando o sabe-tudo não é ameaçador ou agressivo:
- Indique fatos ou opiniões alternativas da maneira mais descritiva possível.
- Forneça-lhe uma maneira de manter uma boa reputação.
- Esteja pronto para cobrir o silêncio da conversa se for preciso.
- Se possível, lide com o sabe-tudo quando ele estiver sozinho.

O indeciso

- Faça questão de deixar o indeciso confortável para lhe dizer quais são os conflitos que impedem que ele tome uma decisão.
- Preste atenção a indiretas, hesitações e omissões que possam fornecer pistas sobre as áreas problemáticas.
- Quando tiver identificado o problema, ajude-o a tomar uma decisão para resolvê-lo.
- Às vezes, as reservas do indeciso podem ser quanto a você. Se for esse o caso, reconheça quaisquer problemas do passado e declare dados relevantes de uma forma não defensiva. Proponha um plano e peça ajuda.

O tipo	A resposta
	• Se você não é parte do problema, concentre-se em ajudar o indeciso a examinar os fatos. Use-os para organizar as soluções alternativas em ordem de prioridade. • Se for real, enfatize as qualidades e o serviço da sua proposta. • Ofereça apoio quando a decisão for tomada. • Se possível, tenha em mãos os passos de ação. • Esteja atento a sinais de raiva abrupta e de abandono da conversa. Se identificá-los, tente removê-los da situação de decisão.

Resumo

• Há sete tipos principais de pessoas difíceis com as quais você terá que lidar: 1) hostis e agressivas; 2) reclamonas e ranzinzas; 3) silenciosas e indiferentes; 4) superagradáveis; 5) negativas; 6) sabe-tudo; 7) indecisas e hesitantes.

• Você provavelmente achará que alguns deles são mais difíceis de lidar do que outros. Se conseguir reconhecer quais, trabalhe em como lidar com algum tipo específico.

• Há respostas específicas, que podem ajudar a dispersar a situação, para cada tipo de pessoa difícil. Por isso, é crucial diagnosticar adequadamente a que categoria elas pertencem.

03. LIDANDO COM CHEFES DIFÍCEIS

O cérebro é um órgão maravilhoso; ele começa a funcionar quando você se levanta de manhã e não para até chegar ao escritório.

ROBERT FROST

As pessoas são promovidas e tornam-se chefes por diversas razões. Algumas o fazem porque são realmente boas nisso, administram bem as equipes e as situações, têm uma boa compreensão do quadro mais amplo e podem comunicar ideias facilmente. Este é o chefe dos sonhos. Infelizmente, muitos são pesadelos! Vamos, então, pensar em alguns cenários que podem ter levado a esta situação.

- Em empresas com foco na tecnologia, os chefes podem ser promovidos à luz dos seus conhecimentos técnicos. Mas quando se trata de pessoas, eles podem não ter as habilidades necessárias para gerenciar uma equipe.

- Nas corporações familiares, outro membro da família pode, naturalmente, assumir o cargo.
- Nas empresas, os chefes podem ser promovidos como parte de um caminho de desenvolvimento predeterminado, em vez de terem atingido o nível de competência exigido.
- Em algumas das indústrias e alguns dos serviços públicos menos atraentes, são comuns chefes que não conseguiram arranjar emprego em outros lugares.
- Em ambientes de vendas, os profissionais bem-sucedidos podem abandonar aquilo em que são bons, parar de vender, e não apresentar as aptidões necessárias para ser um bom chefe.
- Nas empresas onde há problemas, um contador pode ser tornar chefe.
- Em um cenário de negócios de rápido crescimento, talvez o chefe não seja tão experiente quanto poderia ser.

Há um lugar onde um líder competente possa ser encontrado? Sim, claro que há. Mas vale a pena ressaltar que eles nem sempre são promovidos porque são bons como chefes. Ser especialista em algo, ter habilidades técnicas ou ter trabalhado em uma organização por muito tempo, é muitas vezes, o passaporte para ter a placa de chefe pregada à porta. Em alguns casos, o cargo define o homem ou a mulher. Em outros, isso se torna um verdadeiro pesadelo.

Dentro de cada líder ruim há uma voz que diz que ele de fato é ruim. Então, o que fazem os chefes de má qualidade? Eles compensam. Superam a sua insegurança tornando-se caricaturas do que acham que um chefe deve ser. Se nunca receberam treinamento em gestão de pessoas, competências da força de trabalho ou em lidar com recursos humanos, como vão saber o que fazer? Então, eles inventam. Tornam-se arrogantes e beligerantes, gritam e manipulam. São difíceis de agradar, egoístas e inseguros. Mas, muito fáceis de lidar!

Vamos começar pelo início. Eles são os chefes e podem lhe mandar embora. Portanto, se você gosta da ideia de ter um salário no fim do mês, lembre-se de ser diplomático. Deixe-os sentir que estão no controle — mesmo que você esteja!

O CHEFE ZANGADO

O que pode ser feito ao perceber que se trabalha para um chefe zangado? Fácil. Deixe que fique zangado! O que lhe interessa se ele quer dar um ataque? Raramente dura mais do que alguns minutos. Deixe-os ferver, entrar em erupção e explodir. Desde que não lhe envolva, você está a salvo. E mesmo que você esteja cem por cento certo, tenha a política da empresa, a lei, os Direitos Humanos e todos os anjos no céu ao seu lado, não se meta.

Dica

O truque é ficar na sua até que tudo termine. Diga:

"Sinto muito que você esteja tão irritado com isso, mas precisamos lidar com racionalidade. Vou sair agora, e talvez eu possa voltar mais tarde para termos a chance de debater sobre o assunto."

Então, vá embora. Digam o que disserem, saia. Se ele parecer arrependido, ainda mais zangado ou quiser que você fique, vá embora. Se necessário, avise: "Não, melhor deixá-lo sozinho por um momento. Talvez eu possa voltar dentro de uma hora ou mais, e analisaremos o problema novamente."

Não se sinta tentado a ter uma discussão. Talvez você tenha vontade de falar: "Você é tão rude, como espera que alguém lide com você? Está sempre perdendo as estribeiras." Mas nesse caso você terá outro problema para resolver: onde vai trabalhar na próxima semana? Fique calmo e trate o assunto nas suas condições.

Dica

A palavra importante aqui é "nós". Mantenha-se ligado aos acontecimentos, compartilhe a responsabilidade pelo que está acontecendo e não aparente querer atribuir culpa ao seu chefe.

O pensamento no "nós" sempre evitará que a situação piore.

NUNCA DEIXE QUE TE VEJAM NERVOSO

Os chefes ameaçadores gostam de ver sua equipe suar, e por isso você não deve dar a eles este prazer. Aconteça o que acontecer:

- Fique calmo.
- Não grite de volta.
- Não entre em discussões. Não diga como eles devem trabalhar. Isso pode ser muito satisfatório durante sessenta segundos, mas você vai se arrepender!
- E nunca, nunca, nunca ceda ao impulso do momento.

Exercício

Aposto que isto funciona...

Eu sei que você vai ler isto e revirar os olhos. Mas confie em mim. Não é mágico, não é novo e não é um exercício da moda. Baseia-se nos bons princípios da gestão do estresse e da raiva.

É assim: afaste-se do local, da discussão, ou do que quer que seja. Sozinho, conte de vinte até um.

Respire fundo, concentre-se e comece: 20, 19, 18, 17, 16, 15, 14, 13, 12, 11, 10, 9, 8, 7, 6, 5, 4, 3, 2, 1.

Por alguma razão, contar na ordem crescente não funciona. Na decrescente, sim. Tem um efeito calmante. Já viu um hipnotizador trabalhando? Eles usam sempre a técnica da contagem regressiva para relaxar as suas vítimas.

Na verdade, existem algumas razões psicológicas eficientes para que isso funcione, mas este não é o momento ou lugar! Quando você sentir vontade de jogar algo no seu chefe, experimente o truque de contar de vinte até um, é bem provável que funcione para você.

Quando todo o resto falhar, o que se deve fazer?

Está bem, então você já tentou tudo que podia:

- Entregou a demanda dentro do prazo.
- Quando não pôde, teve uma razão plausível e assinalou com antecedência que o prazo não seria viável.
- Apoiou o seu chefe em público, não foi abusivo e nunca o fez parecer um tolo, mesmo que fosse o caso.
- Descobriu o que o irrita, e tentou contornar isso de todas as maneiras.
- Nunca deu munição para ele lhe dar um tiro.

E agora?

Você pode tentar uma mediação.
- O departamento de recursos humanos pode ser capaz de ajudar.
- Você poderia apelar para um membro mais experiente da equipe para ajudá-lo.

Dica

Você pode apelar ao seu chefe com algo nesse estilo:

"Olha, sei que estamos todos sob muita pressão, e posso entender que isso signifique que, às vezes, as gentilezas do dia a dia têm de ser deixadas de lado. No entanto, eu realmente não acho razoável aturar seu comportamento e [descreva um problema ou incidente em particular para que não haja ambiguidade sobre o que você está dizendo]. Vamos ter de encontrar um jeito melhor para trabalharmos em conjunto."

No final, o que resta?

Você só tem uma vida e ela não é (em um clichê que deve ser repetido) "um ensaio". Vá embora, desista, vá viver. Se você é bom no que faz, saia e encontre outro emprego. Faça-o nos seus termos, no seu próprio tempo e ritmo. Não faça uma cena, não bata a porta e não lance ameaças. Só vá embora. Se você acha que tem um caso para a Justiça do Trabalho, pesquise e descubra se é verdade. Parta calmamente. Não diga às pessoas que você está procurando um novo emprego: não confie seu segredo aos outros. Não fique infeliz, a vida é muito curta.

Exercício

Já lidou com algum dos tipos de chefes difíceis de que falamos? Como você poderia lidar com eles de forma diferente depois da leitura deste capítulo?

Resumo

- Não é raro ter pessoas difíceis em posições de autoridade, mas só porque elas são chefes não significa que sejam boas no que fazem.
- Nunca entre em conflito com seu superior. Saia, alivie a tensão e respire; mas não deixe que algo o arraste para um conflito. Os chefes vão ganhar. Eles é que mandam!

04. LIDANDO COM COLEGAS DIFÍCEIS

Uma das coisas mais tristes é que a única coisa que se pode fazer durante oito horas por dia, dia após dia, é trabalhar. Não se pode comer oito horas por dia nem beber oito horas por dia nem fazer amor oito horas por dia.

WILLIAM FAULKNER

Escritórios sem salas e divisórias, trabalho em equipe, metas de grupo, bônus. Trabalho por turnos com responsabilidades de entrega, fabricação de linhas de produção com base no desempenho mútuo. A direção dos negócios modernos é ter pessoas trabalhando mais próximas — tanto física como mentalmente. E até espiritualmente!

Dica

Trabalhar com pessoas significa exatamente isso. Também significa trabalhar, às vezes, com pessoas difíceis.

Poucos de nós têm o luxo de poder ficar quieto em um canto do próprio escritório ou fechar a porta e ficar em silêncio por alguns minutos. Para a maioria, o local de trabalho está cheio e movimentado, além de ser barulhento. O hall de entrada é assim também e a copa, provavelmente, pior. O lugar mais calmo talvez seja o banheiro!

> ### Dica
>
> As boas relações no local de trabalho são fundamentais para o desempenho da empresa, e os gestores e CEOs sábios compreendem isso. Aqueles competentes de verdade não têm medo de resolver os problemas pessoalmente.

LOUCURA DA COMPETIÇÃO

Os gerentes, muitas vezes, confundem o grau de competição dentro de uma empresa. Talvez um dos melhores exemplos de paradoxo venha do clichê organizacional "competição amigável", uma completa contradição. Isso não existe e não encoraja o bom desempenho. Ela incentiva intriga, conspiração e traição, e concentra a atenção na pontuação em vez de na vitória.

Colaborar para ganhar e competir para superar as outras empresas, que estão atrás dos seus clientes, é uma receita melhor.

Você pode escolher seus amigos, o bairro onde quer morar, onde gastar o seu dinheiro e o seu parceiro. Você pode escolher o seu trabalho. O que você não pode escolher são os dois grupos mais propensos a lhe dar problemas: família e colegas profissionais.

Entendeu o que isso significa? Então ponha em perspectiva. Uma vez que você tenha aceitado essa realidade, o resto é fácil. De vez em quando, surgirão dificuldades. Seria um milagre se não fosse assim! Se não aparecer algo, pense na sorte que você tem.

Exercício

Vendedores! Poderia existir um grupo de pessoas mais difícil em todo o universo? Você está lidando com autoestima elevada e baixa, arrogância, beligerância, orgulho, egoísmo, vaidade, persistência, coragem, confiança, perseverança, resistência e tenacidade. Um coquetel de quase todas as emoções humanas em que se possa pensar. Então alguém aparece e diz: "Motive a equipe de vendas!"

Como? Trata-se de um grupo de homens e mulheres que são todos diferentes, em termos do seu estado emocional e psicológico, altos e baixos, picos e depressões, vidas domésticas complexas, desastres pessoais, desafios e felicidade. É preciso ser corajoso para pensar que existe um truque de mágica que vai motivar "a equipe de vendas"!

Se você fosse encarregado deste desafio, como consideraria aproveitar níveis tão altos de competitividade e ainda melhorar os resultados?

Anote algumas ideias e depois vá até o fim do livro para ver o que aconteceu quando me deram este trabalho.

Há pessoas difíceis na sua equipe com as quais uma abordagem diferente poderia ajudar?

RIVAIS, ANTAGONISTAS E TORNANDO-SE PESSOAL

Os ataques pessoais não funcionam. Eles deixam uma mancha em uma relação que pode demorar uma eternidade para ser removida. As pessoas guardam rancores, amarguras e ressentimentos, que atrapalham o trabalho que precisa ser feito.

Dica

Nunca leve algo para o lado pessoal. Desconecte o problema da pessoa. Desassocie o indivíduo da dificuldade. Separe a personalidade do problema.

É melhor não dizer "Por causa da forma como lidou com isto, estamos em uma tremenda confusão", mesmo que seja verdade! Tudo o que vai acontecer é que o indivíduo passará as próximas três horas se defendendo, defendendo seu departamento, sua mãe, sua família e o bom Deus no céu. Isto não vai resolver o problema, e o importante é sempre solucionar o mal-entendido. Por isso, concentre-se na questão central.

Vamos pensar no assunto. A abordagem "não deixe que se torne pessoal" faz parte da chamada resolução de conflitos. Tente:

"Precisamos resolver isso, então vamos olhar para [a questão] e chegar a um acordo quanto ao próximo passo a ser dado."

Dica

Se alguém tentar levar a conversa de volta para o tópico de quem foi o culpado ou seguir o caminho de apontar nomes, traga-o de volta ao que importa. "Como chegamos a esta situação é menos importante para nós neste momento do que descobrir como vamos sair dela. Precisamos decidir para onde vamos a partir daqui."

SÃO SEMPRE OS QUIETINHOS

Já esteve em uma reunião em que algumas pessoas ficaram quietas e não disseram nada? Já se perguntou o porquê? Vamos pensar em razões possíveis:

- Eles são tímidos?
- Eles podem estar envergonhados?
- Eles acham que são bons demais para o lugar onde estão e não vale a pena se preocupar com você?
- Talvez eles precisem de um pouco de confiança para começar. Ou quem sabe se sintam superiores e não queiram intervir. Pode ser que eles necessitem de "permissão" para participar. Ou que estejam conspirando contra você! (Só para entreter os paranoicos!)

Você sabe até onde pode ir com colegas que explodem, que são críticos ou que estão interessados em brigar. Mas como você se relaciona com os quietos?

Seja qual for o problema, eis uma maneira de persuadi-los, de animá-los e de tirá-los de seu esconderijo.

Exercício

Tente esta abordagem da próxima vez que estiver em uma reunião com um colega muito quieto.

Peça a sua opinião sobre uma parte menos importante do tópico discutido. Perguntas simples que ele vai achar fácil de responder e parecerá incompetente se não o fizer. Não pare com uma pergunta. À medida que a reunião avançar, faça-lhe outras duas ou três de um tipo semelhante. O que aconteceu? Foi um destes resultados típicos? O que isto lhe diz sobre o seu colega?

- Os tímidos serão persuadidos a fazer uma contribuição.
- Os do tipo "Eu sou bom demais para esta reunião" responderão desdenhosamente às perguntas fáceis e não resistirão a fazer uma intervenção mais potente.
- Os conspiradores responderão à pergunta e ficarão em silêncio. Cuidado com eles!

Resumo

- Você não pode escolher seus colegas de trabalho e, ainda assim, passa o maior tempo do seu dia com eles — aceite este fato e siga em frente.
- Nunca deixe prevalecer uma sensação de competição entre seus colegas e você. Em vez disso, colabore para vencer a concorrência de fora da organização.
- Nunca deixe que se torne pessoal, separe a pessoa envolvida e o problema.

05. LIDANDO COM FUNCIONÁRIOS DIFÍCEIS

Eu devia ter trabalhado apenas o suficiente
para descobrir que não gostava do que fazia.
PAUL THEROUX

Então, você conseguiu: é o chefe de alguém. Muito bem.

Não é divertido liderar? Bem, deveria ser! Na verdade, não é fácil. Embora você seja o cabeça, ainda haverá muita pressão sobre você. A Figura 5.1 mostra como isto funciona.

Dica

No cerne de cada problema de relacionamento com funcionários que eu já presenciei estava uma palavra com onze letras: comunicação.

No jargão irritante de um guru de gestão, todos os chefes têm que comandar para baixo e para cima. A sua vida não seria muito mais fácil se você não tivesse que se preocupar com as pessoas? Um negócio sem funcionários — pura alegria! (Vamos falar sobre os clientes mais tarde.)

De alguma maneira, você tem que encontrar uma fórmula que maximize a produtividade da organização e obtenha o melhor da sua equipe, sem ser um carrasco ou se transformar em um chefe problemático.

Figura 5.1 - Pressão em cada nível

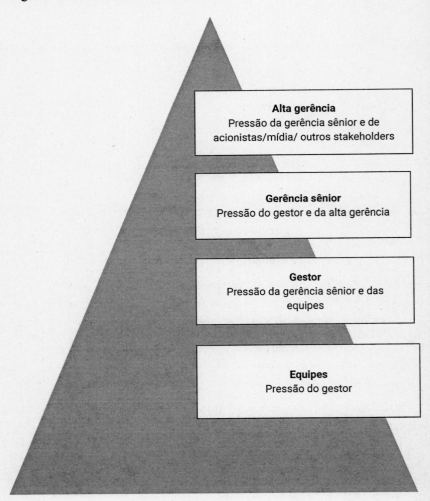

Dica

A comunicação e a compreensão são as formas de evitar lidar com funcionários difíceis. Diga às pessoas o que você quer e espera delas, explique como quer que algo seja feito e seja claro sobre metas e objetivos.

Exercício

Considere os comentários a seguir, feitos por funcionários:

- "Você não entende a pressão sobre o departamento."
- "Ninguém me disse qual era o prazo para esta encomenda. Pensei que entregar na próxima semana seria ok."
- "Não sabia que você queria que fosse feito de outra forma, eu sempre faço desse jeito."

Pense de que formas essas situações poderiam ter sido evitadas.

Dica

Ninguém comanda uma empresa de sucesso apenas sentado atrás de uma mesa.

Dica

Se você não dedica tempo para dizer às pessoas o que quer, como espera que elas possam lhe dar o que você quer?

Os executivos e as executivas de alto nível no Reino Unido são poucos e distantes entre si. Mas todos que estão no topo têm algo em comum: são muito engajados em seus negócios. Aqui estão alguns exemplos a serem considerados:

- Lord Sieff construiu a melhor rede varejista do mundo, a Marks

& Spencer (sim, eu sei que eles podem estar se aproximando da data de validade e precisam de uma mudança significativa para o século XXI), certificando-se de passar dois dias por semana nas lojas ou com os fornecedores.

- O empresário mais conhecido da Grã-Bretanha, Sir Richard Branson, frequentemente, aparece em um dos seus aviões servindo as bebidas ou se sentando ao lado de um passageiro em um de seus trens. Ele também era conhecido por atender clientes em suas lojas de discos.
- O pessoal que comanda o Carphone Warehouse aparece constantemente nas lojas.
- Rocco Forte, reconstruindo o seu império de lazer, faz reservas em seus hotéis (sob um pseudônimo) várias noites por semana.

Dica
Se você continuar fazendo o que sempre faz, alcançará o que sempre alcança.

Todos os melhores empresários fazem esse tipo de coisa. Eles percebem que precisam, antes de mais nada, descobrir o que os clientes querem e como os funcionários trabalham.

E não é só no mundo dos negócios. Em um esforço para descobrir como é ser um paciente no NHS (Serviço Nacional de Saúde Britânico), a rede LEICESTER NHS TRUST coloca os médicos residentes em contato com pacientes com doenças crônicas. Eles passam um tempo com estes pacientes, e tentam entender o que é estar enfermo e assustado. Eles os acompanham através dos departamentos de acidentes e emergências, e descobrem como é horrível ter que esperar horas para ser atendido. Os aprendizes ficam também na casa de pacientes com condições crônicas, para entender as pressões que existem sobre os cuidadores.

A BBC realizou uma fascinante série de programas chamada *Back to the Floor* (*De volta para o chão [de fábrica]*, em tradução livre). Chefes de diferentes empresas passaram uma semana trabalhando no chão de fábrica do seu negócio. Todos saíram desta experiência com uma compreensão muito mais profunda de sua empresa, e cada um deles foi capaz de introduzir mudanças para facilitar a vida dos colaboradores.

Ao descobrir como as coisas realmente funcionavam, os líderes foram capazes de se comunicar com seus comandados com base em uma boa compreensão do que poderia ser alcançado. Todos decidiram que o que estavam recebendo não era o que queriam, mudando, assim, a maneira como realizavam as coisas.

Dica

Quando entender seu negócio, você terá menos funcionários e clientes difíceis com os quais lidar.

INDEPENDENTE OU TEIMOSO?

Funcionários que resolvem problemas, tomam iniciativa e desenvolvem respostas aos dilemas internos são o sonho de todo líder. Incentivar a independência operacional é uma ideia positiva, mas, quando ela se torna proatividade excessiva e tira um funcionário do seu próprio caminho, é hora do comandante agir.

Exercício

Pense em um momento em que sentiu que um membro de sua equipe agiu de forma muito independente. Faça a si mesmo as seguintes perguntas:

- Será que ele não conseguiu fazer do jeito que eu queria?
- Será que estou incomodado por ele ter encontrado uma maneira melhor, e eu me sinto fragilizado?
- Será que tenho um sonho glorioso de que todos têm que trabalhar em equipe porque eu não tenho tempo para independentes?
- Será que o membro da equipe está prejudicando o negócio ao tomar as suas próprias decisões?

Se você respondeu sim a qualquer uma das três primeiras perguntas, comece a considerar a possibilidade da pessoa difícil ser você.

Qual é o verdadeiro dano: ao seu ego ou ao processo do negócio? Talvez você tenha que aceitar que algumas pessoas façam as coisas do jeito delas. Está estragando o processo, custando mais do que deveria, afetando a produtividade da empresa, incomodando outros funcionários? É perigoso, põe as pessoas em risco? Ou será apenas uma boa ideia na qual você não tinha pensado?

Dica

Pense antes de agir. E quando o fizer, que seja de maneira justificável e positiva para você. Lembre-se, o livro de regras e o manual de procedimentos podem não ser os seus melhores aliados, especialmente, se o membro desobediente da equipe tiver encontrado uma maneira melhor de realizar as tarefas.

Se e quando você decidir resolver o problema, tente fazê-lo sem destruir a motivação de seu alvo. "Eu sei que você está acostumado a realizar as coisas do seu jeito, mas a empresa tem boas razões para querer que você faça de outra maneira. Deixe-me explicar como."

No fim do encontro, acrescente esta parte: "Estamos muito interessados em aprender com a experiência das pessoas. Se conseguir arranjar uma forma melhor, mais rápida e confiável, avise-me e veremos como encaixá-la no quadro geral. Tentaremos implementá-la, nós gostamos de boas ideias."

Assim, o seu funcionário irá para casa tranquilo sabendo que não está lidando com um chefe difícil!

QUANDO O PONTEIRO GRANDE CHEGA NO DOZE

Já pensou por que alguns funcionários estão sempre olhando para o relógio?

- Pode ser que tenham problemas em casa.
- Talvez cuidem de um parceiro doente ou de um parente idoso.
- Podem ter que buscar os filhos na creche ou liberar a babá.
- Talvez tenham que pegar um trem ou um ônibus.

- Quem sabe tenham aulas noturnas ou um compromisso secreto?

Quem sabe? Você deveria saber, não é?! Deixando de lado as atribuições, não seria bom descobrir se o seu pessoal está sob pressão externa? Você pode ajudar? Mudar horários? Ser um empregador mais amigo da família? Talvez haja outra razão. Eles estão realmente trabalhando ou só fingindo? Será que o emprego é assustador, cansativo e emocionalmente chato e deprimente?

Como você os julga? Eles têm potencial? Você quer motivá-los e ajudá-los a melhorar? Claro que sim! Como se sabe, a empresa moderna possui tarefas que deixam o dia a dia monótono. Pausas frequentes, troca de atribuições e mudança de ambiente podem ajudar a aliviar trabalhos entediantes. Você está se esforçando ao máximo para reverter esta realidade?

Dica

Tente a seguinte abordagem: "Eu gostaria de mudar sua rotina um pouco. Poderia cuidar disso para mim...?"

Se não é o trabalho ou o ambiente, então o motivo, provavelmente, é pessoal.

Para retomar o que eu disse antes, ninguém nunca geriu uma empresa de sucesso passando o tempo todo sentado atrás de uma mesa. Se a equipe está desmotivada, contando os segundos pra ir embora e apresentando um desempenho ruim, quanto disso pode ser atribuído ao trabalho, ao ambiente de trabalho ou aos métodos de trabalho?

Está na hora de dar uma volta pela empresa. Faça o trabalho você mesmo, descubra como é. Aposto que, em menos de três dias, você encontrará uma solução — ou seu dinheiro de volta!

OS BONS CHEFES NÃO SE INTROMETEM — MAS DEVERIAM TENTAR

Perda de motivação, mau desempenho, falta de interesse: o que está causando isso? Só há uma maneira de descobrir. Se você acredita que não é um problema do próprio local, pergunte!

"Vejo que você não está conseguindo trabalhar tão bem nesses dias. Está acontecendo alguma coisa com a qual possamos ajudar?"

Espere receber a resposta "Não, nada. Estou bem".

"Ok. Só queria que você soubesse que se houver alguma coisa, a minha porta está aberta e podemos conversa a qualquer momento."

Talvez você consiga uma resposta, ou, ao menos, uma pista. Tente de novo mais tarde. Seja paciente. O importante é que você enviou um sinal que diz "seríamos mais felizes se você fosse mais feliz". Você não tem como fazer mais do que isso.

ACENANDO OU SE AFOGANDO

Alguma vez você teve grandes esperanças em relação a um membro da equipe e ele não correspondeu às suas expectativas? Pergunte a si mesmo por quê.

- Ele foi mal recrutado, sem pesquisa suficiente sobre experiência e formação profissionais?
- O trabalho andou para um território mais desafiador?
- Ele está com algum problema pessoal?
- Ele está com dívidas?
- Os filhos dele estão causando problemas?

Seja o que for, você é o chefe. Lidar com pessoas difíceis e situações complicadas depende de você. Continue!

Se for um problema pessoal, aqui estão algumas opções:

- Você precisa organizar algum treinamento?
- O trabalho é muito fácil, então o indivíduo tem um desempenho abaixo do esperado porque não é desafiado?
- Será que a pessoa deu uma impressão falsa na entrevista, ou talvez não tenha sido verdadeira sobre sua experiência?
- O julgamento foi falso?
- Você pode reorganizar o processo?
- Você pode transferir parte da carga de trabalho para outra pessoa por um tempo, para deixá-lo se organizar?
- Precisa rever os seus processos de recrutamento?

Em seguida, fale com a pessoa em questão. Faça isso no contexto da entrevista de trabalho original.

- Pegue suas anotações.
- Revise a experiência e as qualificações do funcionário.
- Veja se ele deve lidar melhor com o que faz.

Concorde com um treinamento, ou com um período de descanso e um cronograma que vise a um aprimoramento. Reveja-o regularmente. Se não houver uma melhora real, transfira o indivíduo para uma função menos exigente ou, se for preciso, despeça-o.

Dica

Se você acha que está no ponto em que precisa demitir alguém, fale com o gerente acima de você e/ou com o RH antes de agir.

É difícil, porém é mais gentil a longo prazo.

Quando acabar de punir as pessoas, tente recompensá-las.

Prêmios como bônus, pagamentos por produtividade e incentivos em dinheiro fazem parte do trabalho moderno. Para alguns funcionários, eles funcionam muito bem. Quando você diz "pule", se o bônus for bom o suficiente, eles vão perguntar: "Quão alto?"

Por outro lado, pesquisas mostram que existem pessoas que trabalham por mais do que dinheiro.

Isso vale para muitos funcionários públicos, que têm um conceito de motivação por princípio. Eles são movidos por uma ética de serviço e dão grande importância às oportunidades de formação e ao desenvolvimento pessoal e profissional.

Eles têm uma coisa chamada "orgulho de um trabalho bem feito". Estão preocupados com um possível vexame se não atingirem o objetivo. A satisfação no trabalho desempenha um grande papel no que motiva a equipe.

Dica

Se você oferecer um bônus, não espere que todos o aceitem. Pessoas diferentes são motivadas por coisas diferentes.

Exercício

Tente esta abordagem com sua equipe. Você pode usar a grade a seguir como um modelo ou checklist.

Você já...	S/N
Reservou uma reunião particular, onde vocês dois puderam se sentar e ter uma conversa cara a cara?	
Explicou o objetivo geral?	
Certificou-se de que o indivíduo entende o objetivo geral e como ele pode contribuir para alcançá-lo?	
Explicou os níveis desejados de performance e os objetivos individuais que deseja?	
Certificou-se de que o indivíduo entende os níveis desejados de performance e os objetivos individuais?	

Você já...	S/N

Certificou-se de que encoraja sua equipe a dar seu máximo? (Lembre-se que ser ambicioso demais e estabelecer objetivos surreais não é bom para a empresa e muito desmotivador para o membro da equipe que não os consegue alcançar).

Concordou em organizar sessões regulares para monitorar o desempenho? (Esteja preparado para modificar as metas por acordo mútuo. Não sendo necessário, mantenha-se fiel à regra).

Depois de ter adotado esta abordagem com alguns membros da sua equipe, reveja até que ponto o processo tem sido eficaz.

As recompensas pessoais nem sempre são a resposta. Algumas pessoas são motivadas pelo que podem alcançar para terceiros.

Não se esqueça da possibilidade de ligar o desempenho a doações a uma instituição de caridade ou outra causa similar.

Use seu controle para manter uma pessoa no rumo dos objetivos acordados. Use a recompensa para dizer "bom trabalho".

DESCOBRA SE VOCÊ REALMENTE TEM SIDO UM BOM CHEFE

Como estão as suas costas? Elas foram esfaqueadas ultimamente? Líderes desprevenidos terão funcionários que são simpáticos no escritório e horríveis fora dele.

A primeira pergunta é se você merece esta atitude. Seja honesto: que tipo de chefe você é? Se está satisfeito consigo mesmo, então você não é um enviado do inferno (se você não tem certeza, leia a seção no início do livro. Reconhece alguém?) e terá que agir.

> **Dica**
> Você poderia solicitar ao seu pessoal um feedback formal. Muitas organizações apoiam essa abordagem. O seu superior hierárquico ou departamento de RH deve ser capaz de lhe dizer se existe um processo para este tipo de avaliação.

Não é apenas uma coisa pessoal. Os funcionários que se queixam dos seus chefes sem justificativa agridem a reputação da empresa e o moral dos funcionários, especialmente, o dos membros mais novos.

Está sentindo a ponta da faca entre as omoplatas? Experimente isto:

"O que você pensa de mim como pessoa depende de você. No entanto, não estamos aqui por diversão. Há um negócio para gerenciar, e eu faço o melhor que posso. Se você tem uma crítica legítima sobre mim, venha e fale comigo em particular, cara a cara. A minha porta está sempre aberta. Caso contrário, guarde os seus comentários ofensivos para si mesmo."

Duro? Sim, mas é por isso que você é o chefe. O resto do pessoal logo perceberá o que aconteceu e, provavelmente, ficará aliviado por não ter que ouvir o lixo. E mais: você vai subir no conceito deles por lidar com o assunto desta forma.

FUNCIONÁRIOS SERIAMENTE DIFÍCEIS

Este não é o livro para lhe ensinar sobre direito do trabalho e tribunais industriais, mas você precisa conhecer esse tipo de coisa, ou, pelo menos, conhecer alguém que o entenda. É por isso que lhe pagam tanto dinheiro!

O direito do trabalho é baseado em provas. Nos últimos anos, grandes mudanças têm ocorrido no equilíbrio entre empregado e empregador, o que é uma coisa boa. Ninguém quer trabalhar, ou ser o chefe, em um lugar opressivo e precário. A lei é complexa e um campo minado para os imprudentes.

Para fins legais, as ordens-chave são: anotar tudo, guardar mensagens e notas atualizadas e agarrar-se às provas.

A regra de ouro é lidar com questões difíceis o mais rápido possível.

> **Dica**
>
> Uma regra que vem dos gurus de gerenciamento de tempo é boa para aqueles que tentam lidar com um membro difícil da equipe: faça primeiro o trabalho que você menos quer fazer.

Não espere, não deixe que a situação se deteriore. Lide com ela, por mais difícil e horrível que seja, e por mais relutante que você se sinta. Aplique a regra do JGDI: *"just gotta do it"*. Apenas faça!

O direito do trabalho é assunto para especialistas. Se você é um chefe recém-nomeado, ou um que não tem certeza do seu terreno, pesquise sobre a política da empresa, fale com o pessoal de recursos humanos e não tenha vergonha de ser ignorante. Este não é o momento nem o lugar para um amador entusiástico. Se você é autônomo e seu próprio líder, consulte a Justiça do Trabalho ou se aconselhe com um advogado.

> **Resumo**
> - Agora que você é o chefe, minimize o risco de pessoas difíceis se tornarem problemáticas ao se comunicarem. Diga claramente à sua equipe o que espera dela e como deseja que ela alcance os objetivos.
> - Compreender as realidades que sua equipe enfrenta vai ajudá-lo a lidar adequadamente com elas e proporcionar o ambiente certo para que os problemas nem cheguem a surgir. Entenda a sua equipe, o seu negócio e os seus clientes.
> - Seja flexível quanto às formas de trabalhar. Os seus funcionários podem realizar certas demandas melhor do que você.
> - Muitas vezes, pessoas difíceis têm circunstâncias atenuantes a que você, o chefe, pode atender. Tente fazer tudo o que puder para ajudar sua equipe, e você trabalhará com pessoas menos difíceis.
> - Você pode ser capaz de melhorar o desempenho de um funcionário difícil incentivando-o corretamente, mas nem todos respondem ao mesmo tipo de incentivo. Descubra o que é importante para cada um.
> - Se a situação com um funcionário difícil começar a ter sérias ramificações, ligue para os especialistas e verifique se você está de acordo com a lei trabalhista.

06. MASSAGEANDO O EGOÍSTA

Pode-se compreender o cosmos, mas nunca o ego.
O eu é mais distante do que qualquer estrela.

G.K. CHESTERTON

As pessoas de sucesso, para chegar onde estão, precisaram de um pouco de sorte, muita coragem, algum conhecimento e, geralmente, muito esforço.

Elas são confiantes e seguras. Elas se orgulham de suas conquistas e são otimistas. Mas há também a possibilidade de serem egocêntricas!

Os egoístas, os exibicionistas, os egocêntricos, os sabichões; ou os inseguros, os facilmente lisonjeados e os que procuram atenção. Não são nada difíceis. São todos fáceis de lidar.

SE A DIFICULDADE É UM CHEFE EGOCÊNTRICO

É fácil, dê crédito a ele! Tudo bem, não o tempo todo. Mas você não precisa ficar sempre com os louros, não é? Para se conseguir o que quer com um egoísta, bajulação é a maneira mais fácil. Você tem uma grande ideia que quer que seja aprovada por seu chefe ególatra? Experimente isto:

"Li o memorando que você enviou sobre a reorganização da nossa sede no nordeste. Sabe, eu acho que você tem razão. Tomando o que disse como base, eis o que pensei que podemos fazer..."

Isso soa como desistir, ceder ou se rebaixar? Só se você não for bom no que faz. Os patrões egoístas podem ser vistos (e apreciados) por todos os empregados, não apenas por você.

Dica

Você nunca vai mudar seu chefe, mas pode mudar a forma como as pessoas pensam sobre você. Se você é bom no que faz e se destaca, em breve, todos saberão de onde vêm as boas ideias. Então, não se preocupe em demonstrar superioridade.

SE A DIFICULDADE É UM EGOÍSTA TRABALHANDO PARA VOCÊ

Se você está tentando fazer um grupo de pessoas trabalharem juntas, se comportarem como uma equipe e desenvolverem uma motivação conjunta, a última coisa que quer é um ególatra pegando os louros para si mesmo. Experimente isto:

"Eleanor, eu sei que você está trabalhando muito e fazendo o melhor por nós, mas estou ansioso para colocar todos no mesmo padrão de desempenho. Quero que você se certifique de que eles também recebam a sua parte do crédito. Assim, todos nós faremos o nosso melhor. Não concorda?"

Fazer com que Eleanor, a egoísta, fique de lado é fácil. Basta afagar o ego dela. Peça ajuda para espalhar os elogios.

O COLEGA EGOCÊNTRICO

Sr. Perfeito, srta. Certa: erro! Mas isso é problema deles. A solução é ouvi-los se vangloriar e se gabar, e depois apegar-se aos fatos. Não estoure a bolha deles, apenas deixa-a murchar lentamente. Focar nos fatos e números vai fazer isso. "Muito bem. Como é que você fez para conseguir o que quer que seja?" Não importa o que digam, você enviou um sinal. Em alto e bom som você afirmou que não estava interessado no touro, mas na carne. Eles logo vão parar de se gabar se souberem que você é o tipo de pessoa que vai querer que os fatos apoiem a valorização.

DERRUBANDO O SABE-TUDO

Isso é complicado. Lembre-se: você tem que trabalhar com estas pessoas! Atenha-se aos fatos e vá em frente: "Não tenho certeza se você está sendo muito preciso aí, Edward. Eu dei uma olhada nos arquivos e, na verdade..." Edward e o seu ego ficaram desarmados depois dessa. Não tente superar o egoísta e não tente ir de encontro a eles. Utilize os fatos e deixe que eles realizem o trabalho.

Exercício

Você já encontrou pessoas que eram difíceis porque o ego delas atrapalhava seu trabalho? Reflita sobre como algumas das técnicas sugeridas poderiam ajudar a melhorar a situação.

Os egoístas são fáceis de colocar para baixo. Negue-lhes o oxigênio da atenção e eles murcharão. É isso que você quer? Se a ideia é conseguir o melhor das pessoas, o elogio casual, o tapinha ocasional nas costas e algum reconhecimento de vez em quando deve mantê-los na equipe e tornar a situação controlável.

Resumo

- Se você tem que lidar com um chefe egoísta, bajule-o quando possível, mas mantenha-o à distância.

- Se tiver que lidar com um funcionário egoísta, certifique-se de que ele saiba que você se importa com o desempenho da equipe também.

- Se tiver que lidar com um colega egoísta ou sabe-tudo, peça-lhe sempre que apoie as suas reivindicações. Melhor ainda, tenha os fatos prontos para apoiar seus argumentos.

07. LIDANDO COM PESSOAS AGRESSIVAS

Ninguém esquece onde enterrou o machado de guerra.

KIN HUBBARD

Não se trata de agressão física, mas do tipo de agressão que mascara o desempenho ou esconde o mau comportamento. Às vezes, pessoas sem tato podem parecer coléricas, assim como as sarcásticas. Elas têm o comportamento que "dá nos nervos", como se pedissem por um gancho de esquerda.

Este não é o momento nem o lugar para uma dissertação sobre psicologia. As sementes deste tipo de comportamento podem estar profundamente plantadas, por isso não vamos gastar tempo tentando desenterrá-las. O importante é alcançar o que você quer alcançar e seguir em frente.

Seja claro quanto aos seus objetivos, tenha os fatos do seu lado e procure resultados para medir.

A agressão assume vários disfarces. Hipocrisia, condescendência, trapaça, sabotagem, intimidação, armações, críticas injustificadas, delegação ao ponto de ficar sobrecarregado: ela está sempre presente de alguma forma.

Uma das respostas é trabalhar duro, ater-se à verdade e esperar que muito em breve o chefe reconheça o que se passa.

Vamos pensar nisso. As pessoas agressivas são, em geral, muito críticas. Porém, certifique-se de não rejeitar todos os julgamentos. Eles podem estar certos.

As discordâncias dos clientes também devem ser ouvidas. Já as dos colegas mais novos são importantíssimas: pense na coragem que foi necessária para que eles o enfrentassem.

Dica

Se conseguir desenvolver o mindset de que críticas valem tanto quanto elogios, você chegou ao lugar certo.

SE UM GERENTE AGRESSIVO ESTÁ TENTANDO DESCARTAR AS SUAS IDEIAS

Ele vai tentar afogá-lo em detalhes e sufocá-lo com exigências estatísticas. Ele vai pulverizá-lo com planejamento e replanejamento, aterrorizá-lo com histórias sobre como isso nunca vai funcionar e desenhar as terríveis consequências. Experimente isto. Neste caso, veja se é possível reduzir a sua ideia, seja menos ambicioso:

> "Podemos testar esta iniciativa por alguns meses e ver o que acontece? Podemos avaliá-la e decidir se vale a pena expandi-la mais tarde."

SE VOCÊ ESTIVER PRESO A UM PROJETO QUE NUNCA DARÁ CERTO

Uma tática sorrateira do gestor agressivo é designá-lo para um projeto que nunca funcionará, e deixá-lo assumir a culpa pelo fracasso. Tente aumentar o número de pessoas que podem acabar parecendo estúpidas.

"Só Deus sabe por que acabamos com isto em mãos. É óbvio que é um projeto sem esperanças. Todos vão parecer estúpidos, financeiro, produção e gerência. Não devíamos nos juntar e decidir o que fazer?"

Alguém mais sente o mesmo que você? Tenha uma conversa calma com colegas de confiança: "Talvez seja só eu, mas sinto que o Andrew é muito agressivo e acho muito assustador lidar com isso. Como você se sente?" Encontre aliados e enfrentem o problema juntos.

SE VOCÊ ESTÁ SENDO APUNHALADO PELAS COSTAS

Esta é estratégia preferida do gerente ou colega agressivo. Você achava que tinha o apoio deles? Pensava que o levantariam se você caísse? Bem, eles faziam isso, pelo menos, até que houvesse um problema. Agora, eles desapareceram.

E aí? É preciso um confronto inteligente, calculado e astuto! "Pensei que tínhamos concordado com a nossa abordagem e que havia cinco coisas que precisávamos fazer. Lembro-me de termos conversado sobre isso." A pessoa será obrigada a responder: "Não, eu nunca concordei com isto." Está, então, na hora de se salvar. "Olha, não vale a pena discutir. Vamos resolver do jeito que podemos, e seguir em frente. Que tal isto?"

Exercício

Não caia na armadilha duas vezes. Este tipo de comportamento é muito difícil de parar. Esteja preparado. Primeira regra: fazer anotações. Quando você tiver uma reunião de planejamento, formal ou informal, escreva tudo. Se não há atas formais, faça as suas próprias considerações por escrito e as guarde. Da próxima vez que houver um problema: bingo! Use suas notas. Isso fará com que os traidores e os hipócritas pensem duas vezes antes de se meterem novamente com você.

Resumo

- Nunca inflame o conflito com alguém que seja agressivo. Mantenha-se fiel aos fatos e à sua munição, e tente desarmar a situação.
- Se o seu trabalho está sendo criticado injustamente por um gerente, tente ganhar algum tempo e deixe os resultados falarem por si.
- Mantenha-se sempre fiel aos fatos. Documente tudo para que possa voltar com provas reais de seus argumentos em apoio ao seu trabalho.

08. LIDANDO COM A PREGUIÇA

Ele tem um diploma de direito e um escritório mobiliado.
Agora é só uma questão de tirá-lo da cama.

PETER ARNO

Por que as pessoas se tornam preguiçosas? Sabemos que o trabalho pode ser rotineiro, monótono, entediante e desinteressante. Os funcionários que começam sendo diligentes e produtivos podem ser hipnotizados pela inatividade, simplesmente pela natureza do que estão fazendo.

Mude a engenharia e a abordagem da tarefa e deixe, se puder, que os colaboradores tenham voz forte no ambiente de trabalho e na forma como eles abordam o que precisam fazer.

Não tenha medo de desafiar a preguiça:

"Justin, parece que você está tendo problemas para finalizar os seus projetos a tempo. Você sabe que dependemos da sua entrega. O que podemos fazer para que seja mais confiável?"

A sutileza aqui é transformar a crítica em uma pergunta inteligente, não apenas em "Por que você sempre atrasa suas entregas?", pois esta foi concebida para gerar desculpas, enrolação, refutação e agravamento da situação. "Parece que você está tendo problemas, o que podemos fazer sobre isso?" concentra a energia em uma direção diferente, e gera uma resposta mais positiva.

De quem é a culpa, afinal? O pessoal é preguiçoso ou mal gerido? Você não conseguirá uma atuação cinco estrelas se as pessoas não souberem o que devem fazer.

Dica

Você passou instruções claras? Está pedindo algo realista? Há alguma confusão a respeito do que deve ser feito?

CONTADORES DE SEGUNDOS E SEGUIDORES DE REGRAS

Fazer com que as pessoas atuem mais rápido do que o tique-taque do relógio é questão de motivação. Dê uma boa olhada na maneira como elas estão atuando. Se puder, passe algum tempo realizando o trabalho sozinho. Assim terá uma boa ideia do que está errado e do que pode fazer em relação a isso.

O que você pode mudar? O ambiente? O processo? Os horários? Os materiais? As ferramentas? O equipamento? Os intervalos? A roupa? A música? Sempre que puder, envolva o grupo preguiçoso. Apresente ideias para incentivar a equipe:

- reuniões em grupo com foco na solução de problemas.
- bônus.
- iniciativas para aumentar a qualidade do grupo.
- rotação de cargos.

Os funcionários olham para o processo como um todo ou apenas para a parte deles na produção? As pessoas falam com o cliente ou usuário final do processo ou do serviço? Ampliar o interesse da equipe é essencial.

Quando a importância de cada um no processo é enfatizada, os funcionários, frequentemente, encontram uma nova motivação.

Exercício

Qual das seguintes medidas funcionaria melhor para a sua equipe e por quê?

- Reuniões em grupo com foco na solução de problemas.
- Bônus.
- Iniciativas para aumentar a qualidade do grupo.
- Rotação de cargos.

Você consegue elaborar um plano de ação para introduzir alguma dessas ideias? Quais podem ser os prós e os contras?

SE VOCÊ FOR ATRASADO POR UM COLEGA OCIOSO

Ele é apenas desorganizado? Consegue ajudá-lo a se estruturar melhor? Ajude-o a gerir o próprio tempo. Lidere pelo exemplo. Entrar nos detalhes pode ajudar. Prepare uma lista ou um cronograma, reveja pontos e medições de resultados. Certifique-se de que ele entende os pontos de entrega, o que tem de fazer e qual papel está desempenhando. Mova essa montanha de pouquinho em pouquinho. Se todo o resto falhar:

"Janet, quero mesmo que este projeto seja entregue a tempo. Estamos atrasados e eu ainda estou à espera da sua parte. Não deveríamos nos sentar e elaborar um cronograma com o qual ambos concordemos, e ter a certeza de que a entrega será feita dentro do prazo?"

Você tem um colega que está sempre atrasado? Comece sem ele. Quando chegar, faça-o se atualizar. Ele logo aprenderá.

UM CHEFE QUE ENROLA

Atrasos, hesitações, procrastinação, paralisia, demora? Voltar a arquivar decisões? Por que o chefe faz isso? Angustiante, não é? Há muitas razões para um comandante não atender às expectativas. Ele pode ser incapaz para a tarefa. Pode ter poucas informações. Pode não ter as mesmas prioridades que você. A solução é ajudá-lo. Ele precisa de alguma informação prévia, alguma pesquisa, alguém para ser um faz-tudo?

Aí está a resposta. Faça o que ele precisar. Facilite as decisões. Isso pode significar mais trabalho, mas, para colocar um projeto em andamento e terminá-lo a tempo, pode valer a pena olhar para o seu trabalho extra como um investimento.

Seja sutil e acerte, e você se tornará indispensável. Mas também correrá o risco de se tornar um burro de carga e ser explorado.

A decisão é sua...

Dica

Tenha cuidado para não exagerar na sua autoridade. Não tome a decisão, apenas alinhe os fatos e números para que ela possa ser decidida com o mínimo de esforço e risco.

COMO SE COME UM ELEFANTE

O guru estadunidense de gestão Tom Peters, no seu livro *In Search of Excellence*, oferece a resposta: hambúrgueres de elefante, bife de elefante, guisado de elefante, risoto de elefante, espetinho de elefante. Captou a ideia?

Se as pessoas estiverem submersas pelo tamanho da tarefa, muitas vezes se retirarão, vadiarão, procrastinarão e serão preguiçosas. A resposta é dividir o trabalho em porções fáceis de engolir, acordar e estabelecer prioridades e prazos. Mantenha-se em contato e no controle do projeto, e seja implacável ao insistir que os prazos precisam ser cumpridos.

Cuidado com os empregados que se deleitam em parecer atolados, sobrecarregados de trabalho e com uma pilha de papéis que precisaria de dez homens fortes para levantar. Eles não são preguiçosos. Acenar para chamar a atenção, pode significar que já estão se afogando. Ajude-os, ensine-os a dar prioridade. Copie esta frase e coloque-a no quadro de avisos no escritório:

> Sucesso de metro a metro é difícil. Sucesso de centímetro em centímetro é sincronia.

O EXCEPCIONALMENTE PREGUIÇOSO

Este tipo de pessoa tem a preguiça como uma forma de arte. Vai choramingar, suplicar, gemer, conspirar e dedicar a energia necessária para operar dez centrais elétricas só para não realizar o trabalho.

É preciso muita energia para ser preguiçoso, manter um emprego e não ser flagrado. Precisa de planejamento, foco, charme, esforço, energia, determinação, inteligência, originalidade, engano e julgamento: tudo o que é necessário para o sucesso e para ser um funcionário cinco estrelas.

Talvez não haja pessoas preguiçosas, apenas chefes ruins?

Resumo

- Contra-ataque funcionários preguiçosos, e tente descobrir como motivá-los e envolvê-los no trabalho. Você pode mudar o ambiente deles ou como eles se sentem sobre sua função?
- Ajude o preguiçoso da sua equipe ajustando a forma como você o trata.
- Quando possível, não espere que os chefes preguiçosos realizem o trabalho, faça-o você mesmo.
- Divida tarefas enormes para que os preguiçosos sintam que progridem na lista de afazeres mais rapidamente.

09. VENCENDO OS VALENTÕES NO SEU PRÓPRIO JOGO

Não há nada de ignóbil do que amar os inimigos, mas é perigoso.

BERNARD LEVIN

Vamos encarar os fatos: Átila, o Huno, conseguia resultados. Gengis Khan chegou a muitos lugares. Trabalhar para qualquer um deles não era exatamente mamão com açúcar.

Os chefes pensam (ou alguns pensam) que o melhor é aquele que grita mais alto, bate as portas e assusta todos.

Dica

Tiranos querem uma briga e valentões adoram uma vítima. Aí está a dica sobre como lidar com este tipo de chefe: não lute e não seja uma vítima.

Os valentões se tornam valentões porque descobrem que podem se safar, e os valentões são valentões porque não têm outra técnica de gestão. Falta de habilidade, perspicácia, insegurança e incompetência transformam chefes ruins em chefes valentões.

Se os brigões precisam de uma vítima, por que precisa ser você? Sei que todos precisam do emprego e pagar as contas. Mas só temos uma vida, por isso, não devemos gastá-la sentindo medo.
Se você já tentou de tudo e a realidade ainda é um inferno, o que pode fazer?
Não deveria usar seu tempo para procurar outro emprego de forma discreta, sutil e decidida?

O DITADOR ESCANDALOSO

Como se lida com aquele que grita, que abusa, que bate na mesa? Fique calmo, não expresse emoções e mantenha-se objetivo.

"Eu sei que você está preocupado com isso, e é claro que é algo que precisa ser resolvido, mas gritar comigo/abusar de mim não vai resolver o problema. É muito perturbador e não me vai fazer trabalhar melhor."

Direto ao ponto.

E agora? O chefe vai precisar de uma forma de descer o tom, por isso, espere uma tirada de menor intensidade e uma justificativa: "Desde que compreenda a importância de tudo isto... blá, blá, blá."

Responda: "Eu sei, então vamos nos concentrar nos problemas. Qual é o primeiro passo?"

Dica

Errou? Admita, não esconda, peça desculpas e se ofereça para trabalhar para corrigir as coisas. Isso é senso comum. Está sendo acusado injustamente? Então tente: "Você precisa saber de algumas coisas. O trabalho não está concluído, porque 1..., 2..., 3..."

QUANDO TODO O RESTO FALHA

O chefe surtou. Os gritos podem ser ouvidos do outro lado do mundo e o resto do pessoal já correu para se esconder. O que fazer? Você se acovarda, esconde-se, treme, encolhe-se? Vai falar com o chefe do chefe? Isso é arriscado.

Os valentões, muitas vezes, imitam o comportamento que recebem do seu superior.

Se o chefe do seu chefe for um brigão, há uma chance grande do seu ser um também. Seria um comportamento aceito e parte da cultura da organização, por isso, apelar a uma autoridade superior pode se revelar uma tática infrutífera.

O que fazer? Na verdade, arranje outro emprego. Você não precisa disso. Você é bom demais.

Fique calmo e experimente o seguinte: "Sr. Bulstrode, sente-se/pare quieto e pense." Aposto que Bulstrode vai se calar (ou o seu dinheiro de volta). Continue, "Você está chateado e eu posso ver o porquê, mas não tem o direito de falar assim comigo [usar essa linguagem/dizer essas coisas]. Se quer continuar neste assunto, converse de forma civilizada e podemos resolver o problema." Não diga mais nada, pareça o mais neutro e sem floreios que puder e espere. Bulstrode vai ter que recuar.

Não seja a vítima. Saia da linha de fogo e faça isso sem se culpar ou acusar. Diga "Brian, até logo" e vá embora. Saia. Os valentões precisam de vítimas e de público.

Dica
Foque nos problemas, não no comportamento.

O COLEGA BARRIL DE PÓLVORA

O que acende pavio dele? Em um instante é gentil e fácil de trabalhar, no outro, uma bomba. Você consegue detectar o que faz com que ele explosa? Se puder, fique fora do tópico ou problema. Quando ele começar a explodir, obedeça às regras de ouro:

- Não acuse — isso acrescenta combustível ao fogo.
- Não diga coisas como "Acalme-se" — isso vai inflamar as coisas.
- Não se junte ao surto — vai prolongá-lo.
- Não fique na linha de fogo — não é seguro.

Dica

Quando a poeira baixar, não o recrimine. Vá em frente: "Eu sei que isto é importante. Vamos resolver juntos, porque assim temos mais chances de sucesso."

Sente-se intimidado? Se está se sentindo desta forma, são grandes as chances de realmente estar sendo. Este tipo de medo é insidioso. Pergunte-se por que se percebe assim. Sente-se inseguro, inadequado, não à altura do trabalho e tem algo a esconder? O modo como reagimos às pessoas vem de dentro de cada um. Se queremos ser uma vítima, então seremos. Se deixarmos que as pessoas nos empurrem, elas o farão.

Se você está no controle do trabalho, atuando da melhor maneira, então não tem razão para se sentir intimidado. Não espere que a lógica desempenhe qualquer papel nesta equação das relações humanas. Os valentões não são coerentes, são oportunistas e imprevisíveis. Suas defesas são seu talento, sua habilidade, sua paciência e sua frieza sob pressão. Evite as emoções e mantenha-se fiel aos fatos. Afaste-se da paixão e siga um plano.

Exercício

Bullying no local de trabalho é um assunto sério. Visite sites especializados e entenda o que constitui um assédio no emprego e as sugestões sobre como enfrentá-lo.

Resumo

- Se o seu chefe é um valentão, não lute nem seja uma vítima.
- Se o seu chefe gritar e ficar com raiva, desarme a situação e espere para tentar debater com ele.
- Se todo o resto falhar, e você estiver sendo intimidado, reconheça que, às vezes, nada pode ser feito.

10. RECLAMÕES, RESMUNGÕES E CRÍTICOS

Nunca preste atenção ao que os críticos dizem. Uma estátua nunca foi montada em homenagem a um crítico.

JEAN SIBELIUS

Em um mundo ideal, todos seríamos perfeitos e não haveria nada para criticar, reclamar ou resmungar. Mas esse não é (ainda) um mundo ideal, as coisas vão dar errado, haverá faltas, erros e equívocos. Então espere encontrar reclamões, resmungões e críticos.

A crítica construtiva, feita com sinceridade e com o espírito de melhorar as coisas, não é ruim. Alguns chefes vão longe demais, principalmente, porque não são muito bons na sua função. Mas então quem é?

Se você está preso a um chefe crítico, sua melhor defesa é ater-se aos fatos. Se resmungarem, use as notas, os memorandos, o trabalho, a fatura, o plano, a ata da reunião. Como um homem em um programa de televisão de detetives americanos costumava dizer: "Atenha-se aos fatos, minha senhora".

Chefes excessivamente sérios podem cair na armadilha de performar melhor quando as coisas não estão bem. Não seja este tipo errado de chefe. Tente não ser muito sério!

Se os fatos não forem positivos para o seu lado, admita o erro, ofereça-se para corrigi-lo e concorde com um curso de ação para garantir que isso não volte a acontecer. Se você tem um chefe reclamão e sabe que cometeu uma falta, o melhor conselho é tomar a iniciativa. Seja proativo e confesse:

> "Não sei bem como isso aconteceu, e teremos que investigar para descobrir, mas a conta do William está atrasada. Sugiro que adotemos as seguintes medidas para corrigir a situação, que analisemos como aconteceu e que tomemos algumas providências para garantir que este tipo de coisa não se repita. Lamento muito."

Isto pode não salvá-lo de uma bronca, mas pode poupar o seu emprego.

TORTURA EM ÁGUA FRIA

Não são só os chefes que podem ser um pé no saco. Os colegas agem, às vezes, para tentar destruir as suas grandes ideias. Tente levá-los para um canto para uma conversa privada, e você vai descobrir o que os torna negativos. Pense sobre isso e acrescente à equação. Trabalhe em torno da negatividade. As pessoas para baixo são, muitas vezes, inseguras por não serem inventivas ou criativas. Diante de alguém que seja o oposto, elas sentem as próprias limitações e tentam compensar esta diferença atrapalhando todas as suas ideias.

Dica

Tente compartilhar suas ideias com pessoas negativas. Traga elas para seu lado oferecendo coautoria de um projeto que você quer tirar do papel.

TENTE CONSTRUIR ALIANÇAS, COALIZÕES E CONEXÕES

Exponha as suas ideias para os colegas, peça opiniões. Traga pessoas para o seu lado e ganhe feedback positivo, antes de envolver o mal-humorado. Não se esqueça de revelar o que pensa quando os seus apoiadores estiverem presentes. Os resmungões e reclamões tendem a desaparecer ao perceberem que não têm aliados.

Dica

Não quer expor suas ideias? Valeria a pena compartilhar os elogios para conseguir tirar um plano do papel? Dividir o crédito pode ajudar nisso.

Exercício

Mantenha um registro durante um dia ou até uma semana. Analise as reações negativas e tente as respostas abaixo.

Reação negativa	Quantidade	Resposta
Nada como aquilo pode ser feito		Fico chateado em ouvir isso. Diga-me por que você diz tal coisa. Como pode ter certeza de que este plano não funcionará?
Tentamos isto antes e foi uma confusão total		Sim, eu sei. Eu analisei o projeto que o Mark está planejando, e ele foi cuidadoso para evitar os mesmos erros. Deixe-me explicar como será diferente.

Reação negativa	Quantidade	Resposta
Por que precisamos nos importar com tudo isto?		Essa abordagem economiza dinheiro/tempo/esforço/ proporciona uma melhor ferramenta/é mais rápida/é mais completa. [Venda os benefícios.] Deixe-me explicar como...
Não fazemos coisas como estas aqui		Eu sei que não, mas acredito que podemos tentar uma mudança. Deixe-me explicar por que...

Como você foi?

QUANDO OS CRÍTICOS APONTAM A ARMA CONTRA SI MESMOS

A crítica negativa é contagiosa. Acrescente a capacidade de uma organização de criar fofocas e você, logo, lidará com uma epidemia. Se ela for bem fundamentada, não seja pomposo, aceite-a e deixe que todos saibam como consertou. Caso contrário, tente fazer com que o crítico suba a bordo. "Damon, sei que você terá opiniões fortes sobre esse assunto, por isso, quero a sua opinião antes de ir a público." Aproximar-se desta forma lhe fornece duas hipóteses. Primeiro, você saberá quais são os argumentos e poderá se preparar. Segundo, poderá ganhar um aliado.

Aqueles com pouca confiança são muitas vezes autocríticos. Eles parecem pensar que é mais fácil criticarem a si próprios antes de alguém o fazer. Se você é o chefe e tem funcionários assim, atue já.

Os colaboradores são o elemento mais importante de qualquer organização, sendo vital que estejam motivados, confiantes e encorajados. Leve-os para um canto e diga:

"É uma pena enorme ouvir você falar assim. Você tem habilidade/experiência/energia/entusiasmo/lealdade... e eu odeio perceber você desperdiçar isso. Está fazendo um bom trabalho. Viu, eu já disse. Agora, diga isso a você mesmo."

Os funcionários podem ter a esperança de que alguém venha e lhes diga o quanto eles são bons. Não seja tomado por este pensamento. Fique com: "Acho que nós sabemos que tipo de trabalho você está fazendo. Se eu não o achasse bom, você não estaria na equipe, por isso vamos nos ater aos fatos."

Resumo

- Se alguém criticar o seu trabalho, atenha-se aos fatos. Se eles não estão do seu lado e você está errado, seja honesto, explique o que não saiu da melhor forma e como você pode consertar o erro, o que fará diferente da próxima vez e peça desculpas.
- Se as suas ideias estão encontrando resistência, tente envolver as pessoas difíceis na discussão. Procure outros aliados para estarem ao seu lado e reforçarem os seus argumentos.
- Se você sabe que alguém vai ser negativo, corte o mal pela raiz. Lide com as críticas de frente antes de envolver outras pessoas na discussão.

11. OS PERFECCIONISTAS PODEM SER UM PÉ NO SACO

As mulheres americanas esperam encontrarem em nós, seus maridos, uma perfeição que as inglesas só esperam encontrar nos seus mordomos.

WILLIAM SOMERSET MAUGHAM

> **Dica**
> Organizações de sucesso precisam de todos os tipos de pessoas para funcionar.

Concluir um trabalho, um projeto, depende, geralmente, da contribuição do perfeccionista, do mestre dos detalhes — talvez, até do superperfeccionista. Para o extrovertido, o perfeccionista pode ser uma companhia dolorosa. O fato é que precisamos deles.

É quando o superperfeccionista se torna um caça-problemas, inflexível, rígido e obstinado, que temos uma pessoa difícil de lidar. Os obcecados por detalhes, muitas vezes, não vão perceber que estão sendo difíceis. Da sua perspectiva, minúcias, regras e regulamentos são o que funciona com organizações.

Eles vão esconder uma falta de visão ou criatividade por trás de um processo, às vezes da lei, e por trás de um arquivo de memorandos e notas.

Por que em um livro sobre pessoas difíceis deveria haver uma seção dedicada aos perfeccionistas? Em um mundo corrido e em que as pessoas fazem tudo pela metade, não deveríamos tentar encontrar mais perfeccionistas?

Sim e não! Precisamos do compromisso do detalhista e seu hábito de ler as letras pequenas; podemos usá-los para nos manter em uma linha reta e estreita. Mas também podemos passar sem o seu foco limitado, a sua inflexibilidade e a sua obsessão túrgida com regras e regulamentos. Precisamos nos soltar um pouco:

"Como você lida com todos esses detalhes é um mistério. Mesmo assim, é ótimo que alguém por aqui seja assim. Mas a verdade é que, neste projeto, temos um prazo de entrega apertado e muito esforço a ser feito. Desta vez, não estou muito preocupado com os pormenores, só precisamos avançar."

Isso pode funcionar melhor do que: "Seu pedante, não vê que está atrasando todo o processo?"

Vencer os perfeccionistas no seu próprio jogo é comprometer-se com a perfeição. O que você faz é o melhor que pode ser feito?

Não vale a pena enfrentar um perfeccionista de qualquer lugar, a não ser do alto escalão moral. Assim, eles podem até vir a admirá-lo como um espírito afim.

O QUE MOTIVA OS PERFECCIONISTAS

Surpreendentemente, não é o detalhe, os livros de medidas ou as regras. Eles prosperam com um forte senso de realização. Eles têm elevados padrões pessoais, que, muitas vezes, se tornam o problema deles. Eles estão tão empenhados em acertar que perdem de vista o quadro geral. Focá-los constantemente no grande quadro e no papel que desempenham pode afrouxá-los um pouco.

"Peter, se você continuar verificando as medidas três vezes, conferindo as planilhas em mais de duas ocasiões e auditando o software o tempo todo, não só vamos ultrapassar o orçamento, mas também perder a data de entrega. O que você pode fazer para nos ajudar?"

Os perfeccionistas podem se refugiar no seu próprio mundo e, assim, perder a noção do prazo e do horário. Ajude-os com um curso sobre gestão de tempo. Ensine-os a dividir o trabalho em seções e a estabelecer deadlines para cada etapa. Desta forma, eles irão melhorar o seu senso de realização, tendo entregado o planejado dentro do prazo estabelecido.

REGRAS SÃO REGRAS

Toda empresa tem que ter regras. Sem elas, só resta o caos. No entanto, os negócios modernos prosperam na criação e espontaneidade. Você pode ser criativo dentro das regras? Sim, pode, mas, às vezes, tem que ser criativo com elas próprias.

Soldados seguem as normas e suas ordens, mas a maioria dos atos de bravura e coragem acontecem em um pano de fundo sem regras, ou com o manual sendo jogado pela janela. Um gerente moderno não é nada se não for criativo.

O perfeccionista precisa ter permissão para ser menos do que perfeito:

"Peter, você sabe qual é nosso orçamento para isto e eu não quero ultrapassá-lo. No entanto, temos que entregar a tempo e com menos de um por cento de rejeição de qualidade. Se isso significa que precisaremos negociar o preço, que assim seja. Vou confiar no seu julgamento e sei que vai usá-lo bem."

Exercício

Tente o método de matriz de prioridade da próxima vez que estiver lidando com um perfeccionista.

No início de uma tarefa ou um projeto, peça-lhe que se comprometa com a prioridade fixa para esse trabalho: cronograma, orçamento ou qualidade. Realce o acordo por escrito e recorra a ele quando as coisas parecerem estar fora de controle por causa de uma abordagem perfeccionista. Pense em uma época em que o trabalho foi afetado por um perfeccionista. Esta abordagem teria ajudado a manter as coisas no caminho certo?

O CHEFE PERFECCIONISTA

Este tipo de chefe espera compromisso, sangue, suor e lágrimas. Delegue etapas do trabalho, se puder. Se for demais, diga:

> "Eu sei o quanto você se preocupa com a precisão e a entrega, mas é muita coisa e talvez eu não dê conta de tudo. Podemos conversar sobre dividir o trabalho e obter mais ajuda?"

Resumo

- Não tente vencer um perfeccionista no seu próprio jogo; faça-o perceber que o quadro geral, às vezes, é mais importante, e explique o porquê de se ater aos fatos.
- Para lembrar aos perfeccionistas o quadro geral, ajude-os a compreender os prazos, as prioridades e o que constitui um padrão aceitável.

12. MANIPULANDO OS MANIPULADORES

As calamidades são de dois tipos: infortúnios
para nós mesmos e boa sorte para os outros.

AMBROSE BIERCE

Quando é que a gestão se torna manipulação? Qual é a diferença entre motivação e manipulação? Quando as manobras se tornam manipuladoras? O dicionário nos dá uma pista:

> **manipular** /mɐnipulˈaʁ / v.tr 1 preparar manuseando; dar forma, feição 2 influenciar (indivíduo, coletividade), conseguindo que se comporte de uma dada maneira.

No local de trabalho moderno, como evitar isso? Lá fora é cada um por si, mas quando a motivação, a gestão e as manobras se tornam injustas, temos que fazer alguma coisa.

A primeira regra é: não tente manipular um manipulador. Em vez disso, lide com o problema de frente. Fazer o contrário o levará para o complexo mundo da conspiração, maquinação e trapaça. Seja como for, você não tem tempo para isso. Lide com a dificuldade e siga em frente.

Está sendo manipulado pelo patrão? Complicado. Experimente isto: "Eu sei que você é uma pessoa justa, mas sua decisão me causou um problema real". Apelar à sua natureza boa tem mais probabilidade de dar certo do que queixar-se do seu comportamento.

SE VOCÊ ESTÁ SENDO DIRECIONADO A ASSUMIR A CULPA

O clássico! O seu chefe, um colega ou até um dos seus funcionários está à procura de um bode expiatório. Levante a mão quem não se deparou com este cenário.

Um projeto deu errado e todos estão procurando um lugar para despejar a culpa. Infelizmente, no início do projeto, você, alegre e otimista, disse (ou pior, escreveu em um e-mail) que achava que seria uma grande ideia. Três meses depois... boom!

De repente, do nada, era "seu projeto", "sua culpa", "foi você". E agora?

Você pode tentar: "Você não está sugerindo seriamente que tudo isto é por minha causa, não é?" Mexa-se, contorça-se!

Duvido que isso seja suficiente. Aqui está uma sugestão melhor:

"Catorze de nós estávamos envolvidos neste projeto, além de dois departamentos. É verdade que me pareceu bom no início, mas havia muitas outras pessoas envolvidas, incluindo a gerência regional. A retrospectiva é uma coisa maravilhosa. Talvez todos agíssemos melhor se parássemos de culpar alguém e começássemos a encontrar algumas soluções."

Essa é uma abordagem muito melhor e mostra que você não vai levar a culpa sozinho. Ou todos se afundam, ou resolvem juntos.

O importante aqui é pôr esta refutação em marcha rapidamente. Assim você evita ser sufocado pelos mexericos inevitáveis que rodeiam uma suculenta confusão corporativa.

As mentiras são manipulações e nem sempre vêm na forma de uma cobra deslizando até você. Podem ser mentiras inocentes, meias verdades e omissões seletivas. Seja como for, se não for a verdade, toda a verdade e nada mais que a verdade, é perigoso.

Os mentirosos estão um passo à frente dos manipuladores, e não é uma distância muito grande. As pessoas que manipulam não só os colegas, mas também a verdade, são fáceis de lidar. Limite-se aos fatos, aos registros, às atas e aos dados. Ah, e não chame alguém de mentiroso. Até onde você sabe, eles estão confusos, desinformados, não estão atualizados e talvez tenham se distraído. Deixe os outros chamá-los de mentirosos. Assim, você faz aliados, não inimigos.

Lide com uma meia verdade como se fosse um lapso ou um erro. O mentiroso saberá o que você está fazendo e todos os outros pensarão que você está atento. "Lawrence, o que você está dizendo está certo, mas acho que se esqueceu de mencionar que o cliente disse que queria a cor azul no primeiro lote." Evite ser crítico. "Lawrence, você deixou de fora a preferência do cliente no seu relatório. Por acaso fez isso para fazer o meu departamento parecer incompetente?" Pode ser verdade, mas cria atrito e irritação. Esteja pronto com os fatos.

> **Dica**
> Situações e pessoas difíceis são neutralizadas pelos fatos. Não subestime a importância de manter anotações!

VAMOS FAZER UM ACORDO

Pode-se tratar de uma chance em um milhão, ou você pode continuar sendo manipulado. A decisão é sua! Você terá que fazer o acordo para descobrir. É uma suposição razoável que as pessoas com quem você está lidando são honestas, mas se o negócio parece bom demais para ser verdade, provavelmente é. Lembre-se, a chave para fazer um acordo é que todos ganhem algo com ele. Pense no acordo sob sua ótica, claro, mas mais importante, pense no acordo pelos olhos do outro lado da mesa. O que é que eu ganho com isso? O que eles ganham com isso? Se o acordo parece ser muito vantajoso para o seu lado, pense novamente! As promessas verbais não valem o papel em que não são impressas! Os manipuladores veem a si próprios como negociantes. Se a troca envolve a promessa de fazer algo que depende de outra pessoa, o que acontece se ela não o fizer? Você estará preso e encalhado?

Dica

A primeira regra de ouro: se é certo para o projeto, faça. Se estiver em dúvida, não faça.

A segunda: acordos exigem registros, anotações e pactos.

Exercício

Veja o exemplo abaixo:

> O objetivo deste memorando é registrar o que foi acordado na reunião de 31/02/16. John concordou em fazer isso, eu concordei em fazer isto, e a demanda será entregue por ...

Pense a respeito de algumas situações em que um registro escrito poderia ter ajudado você. Use o modelo a seguir para começar a documentar as decisões de negócios.

Data (horário, se apropriado)

Reunião/detalhes do evento
Resultado   [Quem] concordou com [o quê]
Datas e entregas acertadas
Notas

> **Dica**
>
> Se você conseguir compartilhar suas anotações, faça-o. Convide os outros a adicionarem informações caso achem que há dados incorretos.

SE VOCÊ SE ENVAIDECE FACILMENTE

Que coisa mais linda! Claro que você é. Todos nós somos! Já ouviu algo parecido com isto: "Você é tão bom em PowerPoint, faria um para a minha apresentação de amanhã?" E aí está você, até altas horas criando uma obra-prima. Manipulado por um mestre. Você devia ter tentado algo como:

> "Mary, obrigada por suas palavras amáveis, mas acho que fazer uma apresentação é uma coisa pessoal, e você estará mais confiante e fará uma apresentação melhor, se desenvolver a sua própria. Se quiser que eu dê uma olhada quando acabar, ficarei feliz em ajudar com os retoques finais."

Agora você pode passar a noite fazendo o que quiser. Se você acha que está sendo manipulado ou empurrado para algo, provavelmente está. Os manipuladores inteligentes farão de tudo para disfarçar o que fazem com elogios. Confie nos seus instintos. Se não parecer certo, não aceite. Cave um pouco mais fundo e faça algumas perguntas. Por que, quando, quem, o quê e onde são boas sugestões.

SE VOCÊ É ELOGIADO PELA SUA EQUIPE

Você sabe que é o chefe dos sonhos, e, de vez em quando, é bom ouvir esta verdade da boca das pessoas. Mas tenha cuidado com os bajuladores, que usam seus encantos para que você lhes dê os trabalhos fáceis ou para que ignore suas falhas. Comente: "Sylvia, obrigado. É bom ser apreciado, mas acho que devíamos continuar com o trabalho."

Elogios exagerados, bajulação, puxa-saquismo: nada disso é muito bonito, e, inclusive, é bom evitá-los. Cuidado também com os tons pessoais que podem acompanhar a amabilidade. Os problemas no local de trabalho incluem acusações de comportamento inapropriado e de falta do "politicamente correto". Se parecer que há um problema, confie no seu chefe. Se você é o chefe, fale com um superior ou com um advogado.

Resumo

- Não se envolva com manipuladores tentando você mesmo manipular os outros, seja honesto sobre tudo.

- Mentir é uma forma de manobra. Quando confrontado com um mentiroso, não os exponha; em vez disso, presuma que eles não têm todos os fatos. Tenha sempre tudo registrado e documentado, para que você possa refutar argumentos de uma forma não agressiva.

- Ao fazer acordos com manipuladores, analise sempre o que eles podem ganhar com isso. Se este acordo parece estar apenas a seu favor, e é bom demais para ser verdade, então provavelmente é.

- Os manipuladores, frequentemente, usam a lisonja para obter o que querem. Investigue sempre os seus verdadeiros motivos e mantenha-se fiel ao trabalho.

---

13. MORAL, ATITUDE E COMO FOI PARA VOCÊ?

Se você se sente deprimido, não deve sair, porque a tristeza vai aparecer no seu rosto. A infelicidade é uma doença transmissível.

MARTHA GRAHAM

O meu ponto de partida para este capítulo é que só há uma pessoa que pode afetar o meu moral, e essa pessoa sou eu.

Pelo jeito, nem todos são como eu, mas ouvi dizer que isso é uma coisa boa! No mundo real, no local de trabalho, na sua organização, haverá pressões, mudanças e eventos que terão impacto na atitude das pessoas em relação ao trabalho. O moral empresarial é uma coisa difícil de julgar. Dizem-nos que está no cerne dos serviços públicos, mas posso apresentar a você professores inspirados, enfermeiros dedicados e médicos brilhantes. Como se mede o moral, e como se sabe quando ele está caindo? Use o seguinte exercício para ajudá-lo a procurar os sinais.

Exercício

Responda às perguntas a seguir para ajudar a determinar se você tem um problema de moral em sua equipe.

- Você tem notado discussões regulares entre os funcionários?
- Os níveis de doença e ausência não planejada aumentaram?
- Já apareceram panelinhas e grupos informais?
- Os mexericos são frequentes e os rumores se espalham?

Se respondeu sim a uma ou mais destas perguntas, você pode ter um problema de moral.

O que fazer?

O Capítulo 8 trata de pontos de fulgor e raiva. Brigas e discussões que resultam do moral baixo têm de ser tratadas da mesma forma, mas há uma sutileza. Enfrentar uma briga corriqueira significa descobrir quais são as causas do problema e lidar com ela e suas consequências.

Disputas que surgem de moral baixo seguem as mesmas regras, mas a causa é muitas vezes mais difícil de identificar.

Quando alguém está tendo uma discussão aos berros, tente o processo descrito na Figura 13.1.

Você tem que ouvir! Faça mais perguntas e ouça novamente. No fundo da raiva, você encontrará a razão: fofocas sobre demissões, mudanças nas práticas de trabalho que o tornaram mais difícil, necessidade de equipamentos mais modernos, carga de trabalho inesperada. A resposta vai estar lá em algum lugar.

Figura 13.1 - Lidando com a briga

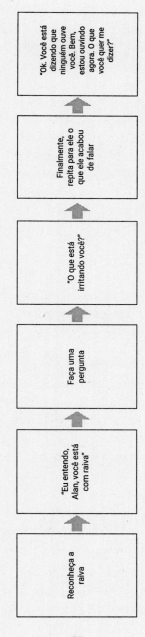

SE VOCÊ ESTÁ FARTO DOS DOENTES

Se um membro até então saudável da sua equipe, de repente, começa a ficar doente com frequência, é um sinal de que algo está errado. E o que está errado pode não ser corrigido com uma cirurgia. Alguns sinais indicadores são ausências antes ou depois de um fim de semana ou feriado. As faltas na sexta-feira e na segunda-feira, ligadas a queixas de doença, merecem ser vigiadas.

Moral baixo, falta de motivação, desempenho indiferente e um histórico constante de doenças andam de mãos dadas.

A ação? Confrontar a doença sem ser intrusivo:

"Sheila, reparei que você faltou [número de dias] por estar doente no último trimestre/mês. Estou preocupado com você. Tem apenas se sentido mal ou há algo errado em que eu possa ajudar você?"

Dica

Mostrar que está atento ao número de faltas por doença, geralmente, basta para causar uma mudança de comportamento.

Você tem acesso a serviços de saúde ocupacional? Se sim, peça uma opinião sobre um funcionário com um declínio repentino em dias saudáveis. No entanto, não espere que o médico ou a enfermeira revele os detalhes da saúde dele: é confidencial. E não espere que os médicos consigam que alguém volte ao trabalho. Eles podem lhe dizer que um membro da sua equipe está saudável o suficiente para fazer o trabalho para o qual foi contratado, e eles ajudarão um funcionário com quaisquer problemas de saúde com que se deparem. Isso é tudo.

TODOS DOENTES AO MESMO TEMPO

O moral baixo pode levar a uma enrolação endêmica. Os departamentos tornam-se incontroláveis porque todos usam a doença como uma forma de esquecer os seus problemas no escritório.

Exercício

A ferramenta a seguir pode ser usada para medir a doença. Registre a enfermidade por um período não inferior a um mês e não superior a um quadrimestre.

	Nome	Nome	Nome	Nome	Nome	Nome	Nome	Nome
Doença em dias anteriores e posteriores a um feriado - 12 pontos								
Doença em um dia anterior ou posterior a um feriado - 10 pontos								
Doença em um dia qualquer da semana - 8 pontos								
Doença por dois dias seguidos - 2 pontos por dia								
Dias ausentes por doença longa - 1 ponto por semana								

Este método ponderado de pontuação destaca os enganadores óbvios e não penaliza aqueles que estão genuinamente doentes.

Você precisará pensar cuidadosamente sobre como compartilhar os resultados com o seu gerente de linha ou com o departamento de recursos humanos. Isto deve estar alinhado com a política da empresa. Espere que aconteça o seguinte:

- A demonstração de que a questão tem a atenção da gerência terá impacto sobre os líderes, e reduzirá imediatamente as ausências por doença.
- Os departamentos com uma pontuação alta serão, provavelmente, os de mau desempenho e terão impacto em outras áreas. Espere que a pressão dos pares reduza os níveis inaceitáveis e injustificados de ausência.

É sério! Ou o seu dinheiro de volta!

PANELINHAS

As organizações com moral fraco são, frequentemente, infestadas por grupos pequenos que se colocam "fora" delas, no sentido em que olham uns para os outros em busca de apoio mútuo e se tornam distantes.

Eles se sentam resmungando e conspirando! Exatamente o que um gerente paranoico precisa, não é? E são, muitas vezes, a fonte de fofocas. O que não sabem, eles inventam.

Exercício

Você pode usar os fofoqueiros de forma criativa. Se tem boas notícias para espalhar, sussurre-as, em confidência, para os mexeriqueiros da empresa. Afaste-se e espere a mágica acontecer!

Há duas abordagens. A primeira é dividir as turmas, deslocar o pessoal para outras partes da organização, mudar o horário de trabalho ou trocar os membros de um grupo para que sejam desligados uns dos outros. Pode não ser uma solução prática. É disruptivo e pode inflamar um problema de moral existente.

A segunda solução é mais maquiavélica. Tente dar aos membros selecionados do grupo tarefas específicas e especiais sobre as quais eles devem reportar a você. Encoraje-os e os elogie. Puxe-os para o seu lado. Na verdade, crie um grupo positivo à sua volta. Explore os seus talentos, recompense os membros com elogios públicos e retire-os de sua introspecção.

Resumo

- Uma queda no moral inflamará imediatamente os conflitos, porque muitas vezes introduz ainda mais emoções e uma falta de razão sobre a situação.
- O moral baixo, geralmente, traz consigo um aumento do número de ausências por doença. Quando se trata de pessoas que tiram uma quantidade excessiva de folgas por motivos de saúde, sempre toque no assunto e questione diretamente os funcionários em questão.
- Não deixe que grupos de funcionários descontentes e desmotivados proliferem. Certifique-se de se envolver com os indivíduos dentro do grupo, e limite as oportunidades para eles se reunirem e reclamarem.

14. CAÇA-PROBLEMAS E SUPERDETALHISTAS

Não há absolutamente nada de errado com [ele] que um milagre não possa consertar.
ALEXANDER WOOLLCOTT

Como se lida com um caça-problemas? Resposta: não cometa falha alguma! Se ao menos fosse assim tão fácil. Quando os funcionários se orgulham do que fazem, um caçador de defeitos invejoso que fica reclamando no canto pode ser uma desgraça real.

Você realmente tem que cortar as suas intervenções indesejadas pela raiz.

"Fiona, quero que você se lembre que todo o departamento se empenhou muito nisto. Acredito que muitos deles acham que a sua constante procura por falhas é muito difícil de aceitar. Quero que faça uma lista de todas as coisas que vê como erradas e traga até mim. Vamos tratar das críticas e tirá-las do caminho."

Você pode tentar fazê-lo reconhecer o que é bom e ajudá-lo, tirando o resto do caminho:

"Fred, eu sei que não está perfeito, mas conseguimos eliminar noventa por cento dos erros de qualidade e das reclamações de garantia. O que precisamos para dar o próximo passo?"

> Caça-problemas criativos? Isso existe? Claro. Use-os. Eles são, em geral, os mestres dos detalhes e podem ser aproveitados de forma mais criativa: "Sei que você é muito crítica quanto a este projeto, Christine, e que encontrou uma série de falhas nele. Preciso que você dê uma boa olhada antes de o apresentarmos, e aponte qualquer coisa que ache que não está certa."

SE VOCÊ TEM UM CHEFE CAÇA-PROBLEMAS

Para lidar com críticas generalizadas do tipo "Isto não serve", peça ao seu chefe para ser específico. "Ouvi a sua opinião de que não está contente com o que fiz, mas, para corrigir, preciso que você seja mais específico."

Receba as reclamações e tente ficar longe da opinião. Concentre-se nas especificidades do que está errado, e faça com que seu superior veja isso no contexto da totalidade do trabalho. Não pode ser tudo ruim, não é?

Um chefe sarcástico? Feio. Sarcasmo é a forma mais baixa de se dirigir a alguém? É o que eles dizem. Não o trate como espirituoso. Não ria quando o chefe disser de uma colega: "Olhe para ela tentando ser o departamento de relações com o cliente!"

Como resposta, fale: "Acho que Mary se sai muito bem com os clientes, ela se esforça muito para agradá-los. Afinal, onde estaríamos sem eles?"

COLEGAS SUPERDETALHISTAS

Sentar-se ao lado dos caça-problemas faz o dia de trabalho parecer mais longo. O truque não é evitá-los ou ignorá-los. A abordagem certa é chegar perto deles e pedir suas opiniões sempre que possível.

> **Dica**
>
> Se seus colegas reclamam e encontram falhas em tudo, pergunte-os sobre o assunto. Vá fundo em suas opiniões e demande que eles as apoiem em fatos. Aposto que eles não terão muitos com os quais contar!

Quanto mais você cavar, menos falhas eles vão encontrar. Os caça-problemas, frequentemente, fazem o seu trabalho sujo sem pensar muito. Torna-se um hábito, uma mentalidade superficial. Ao interrogá-los, você os faz pensar. Isso requer esforço e, em breve, eles desistirão.

Ao analisar pelo lado positivo, se mantiver esta postura, você encontrará as sementes de críticas úteis que podem ser implementadas em seu trabalho para melhorar o que está fazendo.

Os funcionários que encontram falhas, choram e resmungam podem ser levados a mudar de ideia se forem envolvidos na resolução do problema sobre o qual estão se queixando. "A iluminação do estacionamento é inútil" merece um "Lucinda, eu estava pensando a mesma coisa. Quero que você examine a praticidade e os custos de implementar uma melhoria. Você me entregaria algumas propostas até o fim da próxima semana?" Esta abordagem ocupa o caça-problemas, calando-os por um tempo, e faz com que se sintam importantes. Além, é claro, de arrumar as luzes do estacionamento!

> Se você é uma pessoa positiva, provavelmente, tentará excluir os caça-problemas deste mundo. Tente outra maneira de lidar com eles: "Karl, eu aprecio o que você disse sobre este trabalho. Eu aceito sua crítica e acho que vai me ajudar a fazer um trabalho melhor." Viu, agora você tem um fã!

> **Exercício**
>
> Pense em uma época em que você encontrou um caça-problemas. Alguma das abordagens acima sugeridas teria alterado a situação? Como?

Resumo

- Lide imediatamente com os caça-problemas e não deixe que eles tragam outros para o buraco. Peça-lhes que ajudem com o projeto e os capacite onde for possível, para consertar o que eles acham que está errado.

- Se você está tratando com um chefe caça-problemas, peça sempre um feedback muito específico sobre o que não é bom o suficiente no seu trabalho. Desta forma, você pode lidar com cada questão de frente, forçando-os a embasar as críticas com fatos.

- Você pode usar os colegas superdetalhistas em seu benefício: envolva-se com eles sempre que possível e mergulhe de cabeça em suas críticas. Eles podem revelar algumas questões dignas de serem analisadas, mas, na maior parte do tempo, vão recuar.

15. FOFOCAS: UM INCÊNDIO COMPLETAMENTE DISPENSÁVEL

Muitos que não se atrevem a cometer suicídio por medo do que os vizinhos dirão.

CYRIL CONNOLLY

A fofoca é uma das influências mais corrosivas na cultura corporativa. Ela tem duas fontes.

A primeira é a conversa descuidada. Quem sabe alguma mudança importante esteja em curso. Talvez algo vá impactar a organização. As pessoas ficarão tensas e inquietas. Elas procurão por pistas sobre o futuro. Uma palavra descuidada, uma conversa ouvida no elevador, no estacionamento ou na copa pode dar início a um telefone sem fio. Esse tipo de coisa acontece. É evitável, e boa gestão, comunicação na hora certa e um compromisso de transparência podem parar as fofocas antes que elas ganhem força. Existem técnicas para garantir que não seja dada oportunidade aos fofoqueiros.

O segundo tipo de fofoca é, provavelmente, o mais prejudicial.

É aquela iniciada por pessoas que não têm fato algum para embasá-la. Não há fragmentos de informação que elas estejam tentando juntar. Este é o tipo iniciado pelos desinformados, marginalizados e desprotegidos. Já existiu frase mais verdadeira do que "conhecimento é poder"? Há pessoas nas organizações que, para parecerem poderosas, criarão fofocas e boatos. Elas querem fazer parecer que estão a par de tudo. E podem causar danos enormes.

Figura 15.1 - Mapa de um incêndio — como a fofoca ilumina o seu dia!

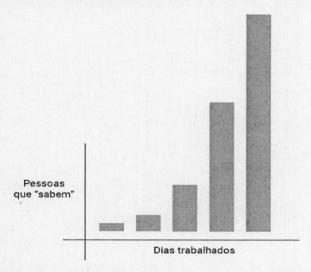

Dos poucos estudos em torno da dinâmica organizacional dos boatos, um dos mais reveladores foi realizado por Anders Vidners, professor na Universidade de Estocolmo, mas anteriormente um guru corporativo que trabalhou com a gigante farmacêutica sueca Astra (que mais tarde se tornou objeto de uma fusão corporativa, transformando-se na AstraZeneca). Vidners mostrou que em grandes organizações uma pessoa poderia ter um "diálogo significativo" com outras quinze durante um dia normal de trabalho. Eis como se espalha a fofoca; 15 × 15 × 15. A Figura 15.1 ilustra isso de forma ainda mais clara.

Assustador, não é? Uma pessoa falando com outras quinze já é ruim o suficiente. Quinze falando com outras quinze é preocupante: isso significa que

225 pessoas podem receber a mensagem errada. Depois disso, as contas ficam quase inacreditáveis: 225 × 15 = 3.375. Em breve, o mundo inteiro terá recebido uma informação errada.

Quanto mais a mensagem é espalhada, menos precisa fica. Os mexericos são como fogo no mato. Começa com uma faísca e se transforma em um incêndio florestal. É quase impossível parar e, antes que você perceba, está tudo destruído.

Figura 15.2 - À medida que uma mensagem é difundida, ela pode ficar cada vez mais imprecisa.

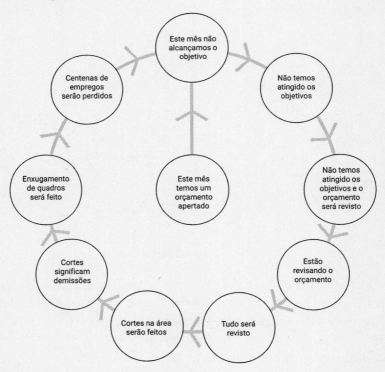

A RESPOSTA AO PROBLEMA DA FOFOCA

Os fofoqueiros são imaturos, e a resposta nem sempre é agradável. Você tem que confrontá-los. "Harry, preciso perguntar uma coisa. Você disse [repita o boato], certo?" Espere uma resposta na linha de "Bem, deve ser, porque...". Não espere que o culpado admita a culpa. Só adultos fazem isso! Confrontar os fofoqueiros não é suficiente por si só. Corre-se o risco deles afirmarem: "Deve ser verdade, eles tentaram me calar." O truque é confrontar os suspeitos e, ao mesmo tempo, esclarecer as coisas. "Harry, o que você está dizendo não é verdade. Os fatos são esses...". Por isso, para enfrentar os fofoqueiros, tenha os fatos em mãos.

Às vezes, haverá questões sensíveis com as quais não se pode lidar de imediato. Nesse caso, tente isto:

> "Harry, o que você está dizendo não é verdade. Há boas razões para que, neste momento, não seja possível dizer nada sobre o assunto, mas esperamos poder fazer uma declaração nas próximas 24 horas. O meu conselho é que você espere até ter todos os fatos antes de dizer mais alguma coisa."

O próximo passo é certificar-se de que você fez a declaração na hora certa. Se não, será recompensado com mais fofocas!

Dica

Não pense, nem por um momento, que este é um problema exclusivo de grandes empresas.

As organizações menores são igualmente propensas a serem prejudicadas por fofocas. Elas têm clientes, fornecedores e associados. O boato se espalha dentro e fora da instituição, e pode causar alguns danos reais à sua credibilidade e reputação.

É MELHOR PREVENIR DO QUE REMEDIAR

A fofoca pode facilmente sair do controle e ser muito difícil de erradicar. Uma boa estratégia de comunicação é a resposta. Os tipos de problemas que podem preocupar o pessoal e fazer com que comecem a falar são fáceis de detectar. Use o exercício a seguir para preparar algumas comunicações positivas sobre alguns gatilhos de fofoca típicos.

Exercício

Passe algum tempo refletindo sobre como você pode comunicar os seguintes temas. São típicos eventos indutores de fofocas. Use a estrutura abaixo para ajudá-lo a compartilhar as notícias, mas termine com uma nota positiva. Use o primeiro exemplo como um guia.

Evento	Por que isto aconteceu	Impacto	Seguindo em frente
Resultados pobres	A liquidação feita pelo nosso principal concorrente levou os clientes embora, e prejudicou o nosso resultado no quadrimestre.	Não fizemos a quantidade de promoções que esperávamos realizar este ano.	Agora que o concorrente fechou as portas, podemos esperar a volta daqueles clientes, e, no próximo quadrimestre, nossos resultados podem equilibrar as perdas e, até, as ultrapassarem.
A perda de um grande pedido Uma potencial. aquisição. A saída de um membro-chave da equipe. A troca de um fornecedor importante. Mudança de premissas.			

Informar as pessoas sobre o que está acontecendo freia uma fofoca.

Políticas corporativas, negociações sensíveis e questões delicadas nem sempre podem ser levadas ao conhecimento de todos. Lembre-se: só porque você não pode falar não significa que os outros não falarão.

Qual é a resposta? Fácil: diga que nada pode ser dito.

"Eu sei que tem havido alguns rumores sobre [qualquer que seja o assunto]. Estou ansioso para pôr um fim aos boatos. Eu não posso dizer nada neste momento, mas serei capaz de dar algumas informações difíceis sobre isso em [informe um cronograma sensato]."

Certifique-se de cumprir a promessa, caso contrário, espere mais alguns problemas com fofocas.

Resumo

- A fofoca se espalha de maneira rápida e, em geral, começa com conversas casuais sendo inadequadamente transmitidas ou com pessoas que não se apegam à verdade. Lide com isso rapidamente para que o problema não saia do controle.
- A maneira mais fácil de lidar com um fofoqueiro é confrontá-lo e corrigir suas declarações. Faça com que ele se atenha aos fatos, assim, muito em breve, não poderá sustentar as declarações que costuma dar.
- Você também pode evitar que os rumores comecem um incêndio. Certifique-se de que sua equipe tenha o nível certo de informação em todos os momentos.

16. O CLIENTE ESTÁ SEMPRE CERTO... SERÁ?

Todos os assistentes de loja ingleses são miltonistas. Todos eles acreditam que também servem a quem só fica de pé e espera.

GEORGE MIKES

O cliente está sempre certo? Na verdade, não. Bem, quero dizer, sim. Se você entende o que eu quero dizer!

Os clientes podem ser um verdadeiro pé no saco: exigentes, difíceis e absolutamente beligerantes. Mas também representam as roupas que usamos, o telhado sobre nossas cabeças e os sapatos nos nossos pés.

O mundo mudou. Havia um tempo em que os clientes aturariam uma segunda opção, aceitariam desculpas e ficariam relutantes em reclamar. Não mais. Nesta economia orientada para o consumidor, 24 horas por dia, sete dias por semana, se você não entregar o que eles querem, há muitas outras opções e os clientes vão seguir em frente. Por vezes, eles chegam a obrigá-lo a tomar algumas decisões sérias sobre até onde você pode dar-se ao luxo de ir. É melhor acabar a relação de uma forma civilizada do que terminá-la em chamas (em você). Os clientes nem sempre acertam. Eles reclamam quando não têm o direito de reclamar, exageram, mentem e podem ser tão traiçoeiros quanto um assaltante. As leis que os protegem são abusivas e os advogados que exploram as suas liberdades, sem ganhos e sem taxas, são outro agravante com o qual você não quer se envolver.

Esquisito, não é? Mas o cliente está sempre certo!

O verdadeiro truque é não ter clientes difíceis! Entregue o acordado na data combinada, dê valor ao dinheiro e esteja pronto para agir rapidamente se algo der errado. Se for o seu caso, você não precisará ler este capítulo. Se, por outro lado, você vive no mundo real, vai querer dar uma olhada nele!

LIDANDO COM CLIENTES DIFÍCEIS

Sem desculpas pelo uso excessivo da seguinte palavra: comunicação. Ela está no coração das boas relações entre funcionários e clientes. Obviamente, é uma via de mão dupla. Para comunicar algo, você tem que chamar a atenção do cliente e ter certeza de que entende seus desejos. O cliente não está prestando atenção ou ele não deixou claro o que quer? Experimente isto: "Só para ter certeza de que entendi você corretamente, você vai querer..." (Então descreva o que eles estão exigindo.) Isto tem o efeito duplo de esclarecer a situação e, rebatendo com o que eles disseram, faz as exigências ultrajantes parecerem bobagens, mesmo para aqueles que as proferiram!

Uma vez que tudo foi esclarecido, traduza as exigências para uma especificação ou um registro.

VOCÊ QUER ISSO PARA QUANDO?

E quanto aos clientes realmente exigentes? Oferecer menos e fazer mais, esta é a chave! Certifique-se de que não aconteça o contrário. Como sempre, o segredo está nas palavras:

"Ah, esse é um pedido difícil. Você está nos dando um verdadeiro desafio porque normalmente não conseguimos entregar neste prazo com esta cor, e organizar a papelada através do sistema a tempo, mas faremos o nosso melhor."

Ao estabelecer a expectativa de que você talvez não possa entregar a tempo, se der a volta por cima e conseguir, terá um cliente encantado. Se não conseguir, você criou um espaço de manobra.

Exercício

Alguma coisa deu muito errado? Vá visitar o cliente. Mesmo que você normalmente nunca o visite, vá. Mostre que ele vale a pena a viagem, o tempo e o custo. Olhe-o nos olhos, leia a sua linguagem corporal e diga: "Falhamos nisto e estou aqui para pedir desculpa e para descobrir como podemos corrigir o problema".

EVITANDO PROBLEMAS

Coloque tudo por escrito. Entediante? Sim, mas um contrato bem redigido já tirou muitas pessoas de situações difíceis. Não pense que tem que ser algo como o Tratado de Maastricht. Um simples registro de quem vai fazer o quê, quando e a que preço é suficiente.

Definir as responsabilidades e as expectativas é uma boa prática. De vez em quando, a memória de todo mundo falha. Mais tarde, se houver um problema, você tem a oportunidade de dizer: "Eu dei uma olhada no acordo que acertamos e parece-me bastante claro. Você concordou que deveríamos [qualquer que fosse a tarefa ou o serviço]. Acho que vai concordar comigo que foi exatamente o que fizemos."

O CLIENTE MUITO, MUITO, MUITO DIFÍCIL

Tente um atendimento pessoal. Escolha alguém com a responsabilidade especial de cuidar de um cliente valioso, mas difícil. Dê ao cliente um ponto focal, com acesso fácil, um número de telefone direto e um nome específico. Relaxe e observe o número de queixas diminuir. Muitas vezes, as reclamações pioram porque não são tratadas com rapidez, ou a dificuldade para entrar em contato com a empresa transforma um cliente decepcionado em difícil. Facilite a vida dele e ele não será mais difícil. É sério! Ou o seu dinheiro de volta!

Como é que eles comandam a nave deles? Um guia muito bom para o que os potenciais clientes podem esperar de você é como eles administram seus negócios. Se tudo estiver alinhado, em ordem, limpo e arrumado, esse é o seu sinal para não ser descuidado. Se eles têm a reputação de cuidar dos próprios clientes, não furar os prazos e oferecer um valor diferenciado, você sabe o que tem que fazer!

LEMBRE-OS DE COMO VOCÊ É BOM

Você oferece uma ótima relação de custo-benefício e um serviço incrível? Informe aos seus clientes, lembre-os deste fato e diga a mesma coisa novamente. Como? Deixe claro na descrição do serviço realizado, e evite formulações como:

Tarefa:

Atendimento e reparo do Modelo Z134

Total: £250 + impostos

Use este espaço como um anúncio:

Tarefa:

Atendimento dentro de três horas após a solicitação de chamada + localização do problema no Modelo Z134 usando equipamento de diagnóstico + realização do reparo usando componente de reposição do estoque em furgão de serviço + remontagem + limpeza e reparo geral.

Total: £250 + impostos

Eu sei qual fatura eu preferiria pagar.

O ESCANDALOSO

Você não adora um bom grito? Os bebês fazem isso o tempo todo, só para chamar sua atenção. E nós sabemos que funciona. O escandaloso vem em todos os formatos e tamanhos. Ele pode ser cliente, colega, chefe, vizinho, até um familiar. A solução é a mesma para todos eles. Eis o que você precisa fazer:

Bata na cabeça deles com uma cópia deste livro.

Não, não, não! Por mais que queira fazer isso, resista à tentação. A primeira regra com um escandaloso é não se unir a ele. Não se meta em uma competição de decibéis. Os espalhafatosos são imaturos e agiriam diferente se pudessem ver como parecem tolos.

Eles querem atenção, então dê atenção. Ouça, deixe-os gritar. Deixe as acusações, os xingamentos, as insinuações, os abusos e as grosserias entrarem por um ouvido e saírem pelo outro. Deixe-os se divertirem. Quando se cansarem e pararem para respirar, escolha o momento de agir. Diga alguma coisa.

O importante é escolher o momento certo. Você não conseguirá silenciar um escandaloso, mas pode esperar que eles fiquem sem fôlego. Então encontre este instante e diga: "Podemos conversar sobre o que está realmente errado aqui? Ajude-me a entender..." (e vá direto ao assunto). Pode não funcionar na primeira vez. Aguarde pela próxima sessão de ofensas e tente novamente. Continue, porque é a única maneira.

> Uma forma de acalmar os chamativos é falar com uma voz que seja apenas um pouco mais baixa do que a que normalmente usaria. Assim, eles têm de prestar atenção e ouvir.

AO TELEFONE

Por pior que seja, nunca desligue. Se o fizer, terá dois problemas para resolver: o motivo da reclamação e o fato de ter desligado na cara do cliente.

Você pode escapar dizendo: "Tenho que ir, mas ligo dentro de dois minutos." Não faça isso para fugir do problema, não se esqueça de ligar de volta. São grandes as chances de, ao retornar a ligação, eles terem se acalmado. Bem, é a teoria! Normalmente funciona... Mas sem dinheiro de volta se não funcionar! Fique calmo.

> **Dica**
>
> Nunca esteja sentado ao lidar com um escandaloso ao telefone. Levante-se, e o tom da sua voz mudará. Podemos "ouvir" a linguagem corporal. Você vai parecer mais interessado. É sério!

EM PÚBLICO

Se o espalhafatoso estiver em público, você, provavelmente, vai querer levá-lo para um ambiente mais calmo e privado. Use as palavras certas e arrume sua linguagem corporal. Diga: "Ok, acho que entendo, vamos trabalhar esta questão. Podemos ir ao meu escritório para que eu possa fazer algumas anotações?"

A próxima coisa é a mudança de comportamento: a parte da linguagem corporal. Vire-se um pouco, faça um gesto na direção do escritório e dê meio passo para o lado, sempre mantendo o contato visual.

Se você julgou-o corretamente, ele seguirá você. Caso contrário, deixe que grite mais um pouco e repita seu posicionamento.

Alguns gurus de gestão de pessoas lhe dirão para lidar com um escandaloso dizendo coisas como "Eu não vou continuar com isso se você gritar comigo", "Por favor, não use essa tom comigo" ou "Por favor, tente se comportar de uma forma mais madura".

A má notícia é que isso vai piorar a situação. Não há desculpa para a linguagem grosseira e a agressividade, mas destacá-la vai causar mais problemas e prolongar o conflito.

Fique calmo e deixe o surto passar.

SE UM MEMBRO DA SUA EQUIPE PERDE A PACIÊNCIA

Ele simplesmente surtou. Como um vulcão, boom! Se o indivíduo é um funcionário que você quer manter na equipe, a vida depois de um bom grito será difícil, mas pode funcionar.

Ainda que você precise deixar claro que "esse tipo de comportamento" não é aceitável, durante o incidente não é o momento certo para intervir. Não o envergonhe. Ele ficará constrangido o suficiente quando tudo acabar. Não piore as coisas. Leve a pessoa para um lugar tranquilo e pondere: "Temos que resolver isto. Vou deixá-lo sozinho por alguns minutos para que organize os seus pensamentos, e volto para analisarmos o problema juntos".

Depois, insista que ele peça desculpas a quem quer que tenha presenciado a cena. Não precisa ser algo formal, apenas uma frase como "Acho que devo um pedido de desculpas a vocês".

De vez em quando, até o membro mais competente da equipe terá seus cinco minutos de estresse e explodirá. O truque é fazer com que o caminho de volta à normalidade seja o mais fácil possível.

Dica

Evite recriminar a pessoa ou lembrá-la do ocorrido depois que o surto passou. Siga em frente.

QUANDO O ESCANDALOSO É O CHEFE

Todo mundo foge — é o que acontece! O chefe tem o poder maior e não é o momento de desafiá-lo. Como com todos os chamativos, a regra de ouro é deixá-lo gritar. Quando se trata do líder, é a regra de platina incrustada com diamantes. Saia da tempestade, deixe-a passar por cima de você e, em circunstância alguma, grite de volta.

Depois da tormenta, sempre vem o silêncio. Escolha o momento certo e diga: "Eu sei que você está muito zangado, mas o incidente foi embaraçoso para todos. Podemos arranjar algum tempo para conversar sobre o que você quer exatamente?"

Dica

É provável que, quando alguém explode, haja uma razão oculta não apenas relacionada com o trabalho. É algo com o qual você possa ajudar?

LIDANDO COM PESSOAS RUDES SEM SER RUDE

Muitas vezes, as pessoas são rudes sem saber que estão sendo rudes. Elas são o que os psicólogos empresariais chamam de excessivamente concentrados.

Elas vão saltar por cima das suas conversas, interromper, terminar as suas frases e monopolizar a discussão. Já pensou por que fazem isso? Muitas vezes, a indelicadeza tem suas raízes na timidez e no sentimento de inadequação.

Aquele indivíduo rude que se mete na sua conversa, provavelmente, não parece muito tímido, mas dentro dele há uma voz que diz: "Se eu não me intrometer, nunca conseguirei expor o meu ponto de vista." Vê-lo com esses olhos faz com que desperte mais um sentimento de pena do que de irritação.

A pessoa rude profissional monopolizará uma conversa e tornará impossível para qualquer outra ter uma chance de falar.

Deixa-a divagar. Mais cedo ou mais tarde, ela se afastará do assunto em questão. Escolha o momento certo e pergunte: "Isso tudo é muito interessante, mas o que tem a ver com o item em pauta? Não devíamos nos concentrar em...?" Use isto como uma forma de levar a conversa de volta para você e para os outros. Não pense que estará sozinho. Em uma reunião de grupo, os outros reconhecerão que chegou a sua hora e o apoiarão.

Dica

O rude clássico, cem por cento inconveniente, está prestes a se tornar um valentão. E os valentões precisam de uma vítima, por isso, não deixe que seja você.

Vá embora educadamente e volte mais tarde. Isso aliviará a tensão, e enviará um sinal de que você não vai tolerar este tipo de comportamento!

RUDEZA DISFARÇADA

A crítica disfarçada de elogio e o rebaixamento são exemplos recorrentes de rudeza.

Você sabe do que estou falando: "Bons números de vendas, Brian, mas acho que não são vendas reais. A maioria era para órgãos públicos ansiosos por gastar seus orçamentos até o fim do ano."

Não ature isso! Tenha algum senso de valor próprio: "Obrigado, eu trabalhei muito neles. O que você quer dizer com 'não são vendas reais'?" Observe-os recuar.

Resumo

- A comunicação eficiente está no centro do relacionamento com clientes difíceis. Certifique-se de que entendeu o nível de serviço ou do produto que eles procuram, e dê-lhes uma compreensão total do que você pode oferecer.
- Sempre construa planos de contingência e estipule um tempo maior para que você não prometa demais e entregue de menos. Em vez disso, surpreenda-os com uma entrega prematura surpresa.
- Se puder, sempre tenha tudo acordado por escrito.
- Não entre em uma disputa de gritos com um cliente. Desarme a situação e espere até poder argumentar com ele em privado.
- A rudeza também pode ser desativada. Peça às pessoas difíceis e rudes que esclareçam sua posição, e isso as forçará a refazer a conversa ou a recuar.

17. QUEIXAS: NÓS AS AMAMOS

SEIS PASSOS PARA O SUCESSO

Você tem que lidar com um escandaloso? Ai! Não deixam você se pronunciar? Aqui está a técnica de segurança para lidar com uma queixa:

Figura 17.1 - Um processo para lidar com uma reclamação

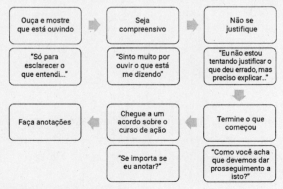

Vamos analisar passo a passo.

OUÇA

Eis o truque: ouça e deixe a outra pessoa saber que você está ouvindo. Use linguagem corporal e sinais para mostrar que você está prestando atenção.

Não custa nada ouvir, e quanto mais atento você estiver, mais você vai desarmar a situação. Preste atenção ao que o queixoso está dizendo, concentre-se e diga "Só para esclarecer..." ou "Isso parece terrível, pode repetir essa parte?".

SEJA COMPREENSIVO

Ser compreensivo não é o mesmo que concordar, não significa aceitar responsabilidades e não sinaliza que você se rendeu. Apenas ajuda a esfriar a situação. Algumas palavras bem escolhidas reafirmam que você está escutando e que não está tentando se esquivar do problema.

Aqui estão algumas frases úteis:

- "Sinto muito por ouvir o que está me dizendo".
- "Isso parece horrível."
- "Isso deve ter sido muito difícil para você."

NÃO SE JUSTIFIQUE

A pessoa irritada na sua frente não está nem um pouco interessada no fato de que metade da equipe não veio porque está com gripe, que o trabalho que você esperava não foi entregue, que o chefe está pressionando você por mais vendas, que você bateu com o carro a caminho do trabalho, que seu filho mais novo chorou a noite toda ou que você brigou com seu parceiro.

O problema não é deles.

Qualquer que seja a razão, qualquer que seja o problema, não é a hora de trazê-lo à tona.

Haverá um momento certo para explicar por que as coisas correram mal. Mas, na hora da reclamação, não é um deles. É muito cedo.

"Não estou tentando justificar o que deu errado, mas você precisa saber que tivemos um incêndio no armazém e todas as nossas entregas estão atrasadas. Sei que a sua é urgente e vou ver o que posso fazer para antecipá-la."

> **Dica**
> Não diga coisas como:
> "Não acredito."
> "Você só pode estar de brincadeira."
> "Isso não pode ser verdade."
> "Você está mentindo."
> "O quê? Tenho certeza de que isso não está certo."

Mesmo que você não acredite, não vale a pena piorar uma situação ruim chamando um reclamão de mentiroso, ou insinuando que você pensa que ele é um. O objetivo aqui é desarmar a situação, lidar com a reclamação com o mínimo de danos colaterais e seguir em frente.

FAÇA ANOTAÇÕES

É reconfortante ter alguém para anotar a sua queixa.

Estamos falando aqui de fazer um registro simples com o nome, a data e o motivo da reclamação. Por quê? Primeiro, reforça a mensagem; segundo, as anotações feitas podem ser uma dádiva de Deus se tudo se descontrolar mais tarde.

Um resumo da queixa feito na hora é, normalmente, um registro confiável do que aconteceu e essencial por ser antes de o queixoso ter tido tempo para florear a situação.

CHEGUE A UM ACORDO SOBRE O CURSO DE AÇÃO

Tudo bem, mas o que você vai fazer a seguir? Você ouviu, compreendeu, fez anotações. A próxima etapa é elaborar um curso de ação. Como? Pergunte:

- "Como você acha que devemos dar prosseguimento a isto?"
- "Como gostaria que eu tratasse esta questão daqui pra frente?"
- "Como você vê a situação sendo resolvida?"

Ao fazer perguntas como estas, você terá uma ideia de até onde precisará ir para tirar a questão da sua lista de afazeres. Não significa que você está se rendendo ou se ajoelhando. Só está tendo uma noção do que pode ser necessário para resolver o problema.

Talvez o que o reclamante pede seja razoável, esteja dentro das suas responsabilidades e você possa entregar. Neste caso, trabalho feito.

Por outro lado, pode ser que eles estejam pedindo demais, fora da sua área de competência e a coisa toda começa a parecer uma armação. Neste caso, são necessárias mais algumas palavras bem escolhidas:

- "Sei que vai querer que eu vá fundo nisto, por isso, vou pedir que me dê algumas horas para investigar tudo do jeito certo."
- "Não posso autorizar o que você está pedindo, por isso vou levar este assunto ao gerente e pedir que ele me ajude."
- "Há várias pessoas envolvidas neste assunto e vou ter que lhe pedir que me dê algum tempo para resolver a situação."
- "Isto me parece muito sério, e eu sei que você não gostaria que mais ninguém tivesse que passar por isso. Vou precisar de tempo para fazer as devidas investigações."

O próximo passo no tratamento de uma reclamação é essencial. Sem ele, todo o resto terá sido perda de tempo.

TERMINE O QUE COMEÇOU

Em outras palavras, entregue o que prometeu. Se você concordar em ligar para alguém "esta tarde, depois que eu tiver pesquisado", não se esqueça de fazê-lo. Ainda não há novidades? Não tem informações para entregar? Não importa. Ligue de volta e diga: "Eu sei que prometi entrar em contato esta tarde, mas, infelizmente, a pessoa com quem preciso falar esteve fora do escritório o dia todo. Ela volta amanhã, e retornarei a ligação até a hora do almoço". Se ainda não há novidades, faça a mesma coisa novamente. Continue até chegar a uma resolução.

Prometeu enviar uma peça nova, um item extra ou substituir uma ferramenta? Faça-o, ou ligue, informe o que aconteceu e acerte outro prazo. O acompanhamento é a etapa mais importante no tratamento de reclamações.

Dica

A maneira mais fácil de piorar uma situação ruim é não a acompanhar. Telefonema, mensagem, e-mail: o que quer que seja, entre em contato. Mesmo que você não consiga realizar o que prometeu, ligue e avise. Chegue a um acordo sobre outro prazo.

Então, como faremos? Algo parecido com:

> "Sra. Bloggs, preciso de mais detalhes sobre o que está me dizendo. Podemos marcar no meu escritório para que eu possa tomar nota do que você precisa?
>
> Ah, nossa, parece que a decepcionamos/isto é uma grande tristeza /você deve estar muito chateada conosco.
>
> Deixe-me registrar o que você está me dizendo. Pode repetir esta parte?
>
> Não posso autorizar o que você está solicitando. No entanto, o meu chefe estará aqui esta tarde e vou pedir sua ajuda. Eu ligo para a senhora antes do fim do dia."

Não se esqueça de ligar de volta.

Se você se ouvir soando assim, leia as páginas anteriores novamente:

> "Não acredito que não percebemos isso. O problema é que temos três funcionários com gripe e estamos muito atrasados na nossa seção de entregas. Não tenho certeza de quando posso resolver isto. A propósito, como é mesmo o seu nome?"

De vez em quando, ocorrem problemas em qualquer organização. Errar não é um grande pecado. Pecado é errar e não corrigir as coisas, errar com muita frequência ou, pior de tudo, errar e não saber.

> **Dica**
> O truque é aprender com os erros e os deslizes.

Organizações que incentivam uma abertura sobre reclamações, faltas e erros aprendem sobre seus sistemas, seus protocolos e suas abordagens. Erros e reclamações custam tempo e dinheiro, mas também são uma oportunidade.

> **Dica**
> Quando abordado da maneira correta, um cliente com reclamações pode se tornar um porta-voz e um defensor da marca.

Estude as queixas, analise-as e use-as como um impulso para um desempenho melhor. Não deixe que elas se tornem uma pedra no seu caminho.

> **Exercício**
> Imagine que está lidando com um cliente que tem uma reclamação, ou pense em uma situação similar que aconteceu no passado. Use o processo que detalhamos para criar uma resposta.
>
> Ouça:
> Seja compreensivo:
> Não se justifique:
> Faça anotações:
> Chegue a um acordo sobre o curso de ação:
> Termine o que começou:

> **Resumo**
> - Há seis passos para lidar com reclamações: ouvi-las, ser compreensivo com a pessoa, não se justificar ou dar desculpas, fazer anotações, acordar um curso de ação com o reclamante e sempre seguir o acordado.

18. E-DIFICIL@SUAEMPRESA

Risadas, diversão inocente, piadas de escritório. Você já deve estar habituado a tudo isso. As anedotas já foram contadas em volta da área do café ou na copa. Depois, eram desenhos engraçados reproduzidos na nova máquina copiadora. Hoje há e-mail, mensagens instantâneas etc.

Essas novas tecnologias são muito mais difíceis de lidar. Os palhaços do escritório têm um novo brinquedo. Mais importante: não é apenas o brincalhão do seu escritório, mas também os de todos os outros locais de trabalho, longe de você, que podem despejar coisas no seu sistema.

Piadas mesquinhas, fotos lascivas, histórias inaceitáveis que circulam nos sistemas de e-mail e são divulgadas indiscriminadamente. Litígios, mandados e batalhas estão apenas a um e-mail de distância. Os problemas começarão internamente, depois o mundo exterior cairá matando sobre uma gestão desprevenida.

A menos que se controlem estes indivíduos, como os racistas e os tarados, espere problemas. Processos judiciais difíceis mostrando tudo, desde discriminação sexual até quebra de confiança, têm se espalhado por empresas sem políticas internas e planejamento de e-mail adequados.

> **Dica**
>
> As políticas de e-mail são fundamentais para que uma organização consiga controlar o que acontece em seus escritórios.

Os e-mails podem ser facilmente falsificados ou manipulados, e as mensagens impressas podem ser refeitas de forma semelhante. Em alguns sistemas, plantar um e-mail em branco no histórico de um arquivo torna possível, em uma fase posterior, voltar atrás e preenchê-lo com qualquer mensagem que você deseje. Este é um truque que pode enganar todos, mesmo um observador experiente.

Um sistema de armazenamento à prova de adulteração não sai barato e comerá um disco de armazenamento mais rápido do que um cupim pode abrir caminho através de um armário.

Se você pegou alguém circulando e-mails de mau gosto, experimente isto:

"Fred, eu sei que você acha este tipo de coisa engraçada, e, para algumas pessoas, talvez seja mesmo. Mas há outros que ficarão ofendidos, e não posso arriscar a empresa, sua reputação e a chance de um processo ou julgamento no tribunal. Estou dizendo que você precisa parar. Se voltar a acontecer, haverá uma advertência formal e uma provável ação disciplinar."

Aqui estão seis ideias para evitar o "e-erro" com e-mail:

	check ✓
• Mande uma mensagem para todos os funcionários sobre as regras para e-mails. Para facilitar, você pode colocá-la nos protetores de tela dos computadores.	
• Deixe claro que e-mail não é confidencial e será monitorado rotineiramente. Mais importante: frise o fato dele não ser um substituto para o tipo de conversa que costumava acontecer na copa, nos banheiros ou no elevador.	

check ✓

- Acabe com as fofocas digitais, proíba a transmissão de mensagens via e-mail pessoal, as piadas, material pornográfico e as mensagens não profissionais.

- Crie um treinamento sobre comunicação eletrônica interna para ajudar os funcionários a compreenderem as regras. Isso pode persuadir um tribunal de que você levou a sério as suas responsabilidades. Incorpore políticas de e-mail nos contratos de trabalho.

- Instale um programa para monitorar palavras-chave e sinalizar material ofensivo em e-mails.

- Decida as políticas de arquivamento: o que guardar, por quanto tempo guardar, como guardar e quem será o responsável. Calcule o custo de processos de arquivo eletrônico — o preço é maior do que você pensa.

Exercício

Crie a sua própria lista de verificação de e-mail e circule-a pela equipe. Se puder, realize uma reunião para garantir que todos compreenderam o conteúdo da lista de verificação, e convide-os a fazer perguntas. Uma discussão aberta sobre dificuldades digitais pode ser muito valiosa para você e seu pessoal.

Resumo

- E-mails têm o potencial de se tornarem muito problemáticos. Eles permitem que material não apropriado para o escritório seja amplamente divulgado e apresentam riscos de prejudicar sua reputação e a de sua empresa.

- Lide imediatamente com o mau comportamento em e-mails e adote uma política adequada, ao mesmo tempo em que enfrenta os usuários problemáticos.

19. REDES SOCIAIS

O trabalho nas redes sociais é um estilo de vida. É o compartilhamento eterno de fofocas eletrônicas. O que poderia ser mais simples? Elas se tornaram parte do nosso dia a dia.

Um e-mail, uma foto de férias no Facebook, um tuíte, um pouco de diversão. Só isso, diversão.

Bem, pode ser divertido ou pode transformar-se em algo muito mais sinistro e preocupante.

Primeiro, é importante perceber que não são apenas os seus amigos que vão ver o que você está fazendo no Facebook e em outros aplicativos. Cada vez mais, empregadores e potenciais empregadores irão procurá-lo na internet antes de oferecerem o emprego dos sonhos ou a promoção pela qual você tem se esforçado há meses.

Uma postagem imprudente pode ser a diferença entre conseguir a posição e ser deixado de lado.

Além disso, os vislumbres do seu lado pessoal e a espiada por trás da cortina da sua vida privada são um convite para as pessoas que não gostam de você, que têm inveja ou que simplesmente são maliciosas.

UM CONSELHO PARA OS SÁBIOS

Exercício

O "Teste da Mãe"

Não poste no Facebook, não tuíte ou faça qualquer declaração no LinkedIn que você não gostaria que a sua mãe lesse! Se houver fotos em algum desses sites que o façam parecer tudo menos digno e sensato, apague-as. Elas podem mostrar você se divertindo em uma ilha grega cinco anos atrás, mas pode apostar que vão voltar para assombrá-lo. Há um momento em que todos temos que crescer! Não sabe como fazer isso? Tente isto para o Facebook:

1. Vá para a foto e selecione o menu *Opções* na barra de menu abaixo dela.
2. Clique em *Excluir esta foto*.

Aqui está a parte importante: você não será capaz de apagá-la se você não a carregou. Para evitar que uma foto apareça na sua linha do tempo, clique em *Ocultar na linha do tempo* na parte superior da caixa de comentários da foto.

CYBERBULLYING, O QUE É ISSO?

O cyberbullying não é diferente de qualquer outro bullying:

- *Alguém que irrita você e o antagoniza.* Um bully é um valentão que quer obrigá-lo a concordar com algo ou a fazer determinada coisa. Subindo a escala, ele é: manipulador, perseguidor, ameaçador e, muitas vezes, insolente. Ultrapassando a escala:

um bully é intimidador e opressor. Um valentão é uma praga, um atormentador e, no geral, um covarde. As pessoas normalmente se tornam brigonas porque, em algum momento de suas vidas, foram intimidadas e conhecem o poder disso.

- *Um cyberbully não é diferente de um bully; eles apenas usam a tecnologia para fazer isso.* O anonimato da internet faz com que a atuação dos valentões seja muito mais fácil. Antes, eles precisavam agir cara a cara ou usar o correio. Depois, o telefone. Agora, e-mail, mensagens instantâneas, sites e fotos digitais facilitam muito esse tipo de assédio.

Esta é uma boa definição de bullying:
Uma pessoa é intimidada quando é exposta, repetidamente e por um período longo, a ações negativas por parte de uma ou mais pessoas, e tem dificuldade em se defender.

Há três componentes importantes no bullying:

- Comportamento agressivo que envolve ações indesejadas e negativas.
- Padrão de comportamento que dura por um período considerável.
- Desequilíbrio de poder ou força.

Boatos cruéis ou embaraçosos, ameaças, assédio ou perseguição são muito mais fáceis com o toque de um botão.

Os adolescentes são especialmente vulneráveis. O bullying passou do playground para a tela.

No entanto, está se tornando comum no local de trabalho e existem muitos escritórios de advogados especializados neste tipo de ocorrência. Uma dessas empresas, a Hodge Halsall, criou uma lista útil do que o bullying pode incluir (não importa se é eletrônico):

- linguagem abusiva, insultuosa ou ofensiva usada on-line ou cara a cara.
- constrangimento, até humilhação, por meio de gestos, sarcasmo, críticas e insultos; às vezes fotos ou piadas lascivas ou inapropriadas.
- chefes ou supervisores estabelecendo metas ou prazos irrealistas ou tarefas que estão além do nível de competência ou habilidade de uma pessoa.
- Sabotagem do trabalho de uma pessoa, talvez retendo ou fornecendo deliberadamente informações incorretas, negando acesso a dados e recursos ou não transmitindo mensagens.
- críticas injustificadas, muitas vezes persistentes, sobre questões mesquinhas, irrelevantes e insignificantes.
- mensagens ofensivas por e-mail, texto ou telefone.
- tornar uma pessoa o alvo de todas as piadas.
- Exclusão e isolamento deliberado de uma pessoa das atividades do local de trabalho.

A Andrea Adams Trust, instituição de caridade britânica dedicada a combater o bullying no local de trabalho, afirma que não existe uma definição simples desta atividade devido à variedade de formas que ela pode assumir, e às situações que podem surgir. De qualquer forma, a empresa diz que envolve "um processo de desgaste gradual que faz com que os indivíduos se sintam humilhados e inadequados, que sintam que nunca conseguem fazer nada certo e que eles não tem chance de prosperar, não só dentro do seu ambiente de trabalho, mas também dentro da sua vida doméstica".

GESTÃO DEFICIENTE

A má gestão do local de trabalho é quase sempre a causa principal do bullying. Se os valentões acham que conseguirão se safar, de fato conseguirão. Uma gestão de qualidade deve agir prontamente e erradicar esse comportamento.

Os mediadores que trabalham em empresas afirmam que é mais

provável que o bullying ocorra onde há má administração e procedimentos inadequados para lidar com as queixas no local de trabalho. Eles também dizem que o bullying pode ser o resultado de:

- um estilo autoritário de gestão.
- falha na abordagem de incidências anteriores.
- alvos ou prazos irreais.
- preconceito e discriminação.
- personalidade dos colegas/gerentes.
- sistemas de gestão de desempenho inadequados.

É MUITO FÁCIL

É fácil esconder-se na vegetação rasteira da internet. Criar uma conta de e-mail anônima é muito simples. Um bully determinado e organizado não tem que ter experiência técnica para tirar partido da obscuridade que o mundo virtual oferece.

Já que não há contato pessoal, os valentões, em sua maioria, fracos, acham mais fácil causar estragos na vida das pessoas quando estão sentados atrás da tela de um computador. Embora possam estar invisíveis quando pressionam o botão "enviar", o seu trabalho torna-se imediatamente visível para centenas, talvez milhares, e em casos extremos, milhões.

A facilidade com que o cyberbullying pode ser levado a cabo pode, muitas vezes, incentivar um executor a ter comportamentos mais sérios.

O QUE VOCÊ PODE FAZER PARA SE PROTEGER DO CYBERBULLYING?

- *Se quer usar as redes sociais, pense muito bem no que você vai publicar.* Use o "Teste da mãe". Ao limitar o número de pessoas que sabem sobre suas atividades, seu estilo de vida, seus hábitos e suas preferências, será mais difícil para um agressor coletar informações suficientes para pintar um quadro maior. Limitar o número de pessoas também facilitará a identificação de um agressor.

- *Tente não piorar a situação.* O agravamento deve ser evitado a todo o custo! Dependendo da gravidade da situação, a melhor resposta é o silêncio. Os bullies se fortalecem quando reagimos. Eles querem saber o poder que têm. Considere mudar o seu endereço de e-mail pessoal e tornar suas redes sociais privadas. Pode parecer que o valentão ganhou. Na verdade, não; você está apenas saindo do alvo, e é provável que eles sigam para outro lado. Se continuarem atrás de você, provavelmente, você tem um tipo diferente de problema, um caso ainda mais forte para uma ação legal e uma conversa com a polícia.
- *Mantenha um registro.* Por mais angustiante que seja e por mais que deseje pressionar o botão "apagar", não o faça. Guarde todas as provas. Mantenha os e-mails em um arquivo chamado "evidências". Se não for possível baixar o material ofensivo para um arquivo, faça uma captura de tela.

Exercício

Como fazer uma captura de tela:
O botão "Print Screen" pode ser rotulado como "PrtScn", "PrntScrn", "PrintScrn" ou similares. Na maioria dos teclados, o botão é normalmente encontrado ao lado das teclas "F12" e "Scroll Lock". Nos teclados de notebooks, é provável que você tenha que pressionar a tecla "Fn" ou "Função" para acessar a "Print Screen". Abra um programa gráfico qualquer e selecione "Colar", ou clique com o botão direito do mouse sobre a tela e selecione "Colar". Assim, a captura de tela aparecerá.
Sempre que possível, imprima uma cópia e inclua a data e a hora.

Se você está sendo intimidado, REPORTE, NÃO ESCONDA. Relate ao seu gerente, ao gerente do seu gerente, à polícia, ao seu sindicato ou ao representante da sua organização profissional. Se o seu local de trabalho tiver um, relate tudo também ao departamento de RH.

VOCÊ NÃO ESTÁ SOZINHO

Em 2005, o Departamento de Comércio e Indústria do Reino Unido realizou uma pesquisa em locais de trabalho. Ela foi chamada de Fair Treatment at Work Survey (Pesquisa de Tratamento Justo no Trabalho, em tradução livre) e relatou que cinco por cento dos entrevistados tinham sofrido bullying ou assédio pessoalmente nos dois anos anteriores. Mais de um em cada dez disse ter conhecimento de outra pessoa que tinha sido intimidada ou assediada dentro do mesmo período.

Checklist

- O empregador assume o compromisso de promover um local de trabalho livre de bullying?
- O empregador confirma que o bullying não será tolerado, e detalha as consequências da quebra das regras da empresa?
- O empregador descreve que tipos de comportamento são aceitáveis ou não?
- O empregador indica onde e como as vítimas podem obter ajuda?
- O empregador compromete-se a não retaliar os empregados que denunciarem o bullying no local de trabalho?
- O empregador descreve as medidas disciplinares que serão tomadas contra aqueles que, supostamente, intimidaram ou vitimaram alguém que fez uma queixa? E contra aqueles que fazem queixas maliciosas, frívolas ou de vexação?
- O empregador garante uma ação imediata quando ocorre bullying no local de trabalho?
- O empregador fornece um procedimento claro para fazer uma reclamação?
- O empregador dá detalhes dos serviços de aconselhamento e apoio disponíveis para a vítima?
- O empregador promete manter a confidencialidade?

A política relacionada a assédio deve estar prontamente disponível para todos os funcionários.

> **Dica**
> É do interesse do empregador punir o comportamento de bullying, porque ele causa baixa produtividade, faltas generalizadas e vai e vem de funcionários.

No Reino Unido, algumas estimativas colocam o custo do bullying no trabalho em mais de dois bilhões de libras por ano.

O QUE VOCÊ DEVE FAZER SE SOFRER BULLYING — ELETRÔNICO OU PRESENCIAL

A solução mais simples é enfrentar o agressor e pedir que pare. Contudo, isto nem sempre é possível, e dependerá das circunstâncias. Os valentões são covardes. Eles vão encontrar coragem se estiverem com os amigos, então é melhor se aproximar em particular e dizer:

> "Eu sei tudo sobre os e-mails e comentários no Facebook que você tem feito sobre mim. Tenho certeza de que você estava 'brincando', mas, francamente, isto já foi longe demais. Eu tenho um registro de tudo o que você escreveu, postou e disse. Ou você para com isso agora, ou tomarei qualquer atitude que puder para fazê-lo parar. Isso inclui falar com a gerência, com o departamento de RH, com o meu representante sindical e com a polícia. Isso acaba aqui e agora. Entendeu?"

Isso é difícil de fazer e pode não ser apropriado em todos os casos, mas lembre-se: os valentões são medrosos e raramente conseguem lidar com confrontos cara a cara. O importante é que você cumpra o que prometeu fazer. Se não o fizer, será visto como um sinal de fraqueza e o bully terá ganho.

Não se esqueça de:

- manter um registro detalhado dos eventos referentes a incidentes, e-mails, novos posts e tuítes, incluindo data, hora, localização, o que foi dito ou feito e nomes de quaisquer testemunhas dispostas a apoiá-lo.

- obter apoio de um amigo ou de um representante sindical.
- focar na recuperação do controle da situação por meio de ações positivas. Se puder, enfrente o bully e cumpra a sua promessa de agir.
- conferir se existe uma política de assédio moral no local de trabalho.
- chamar a atenção da gerência para a ocorrência de bullying assim que este começar. Não espere.
- entrar com uma queixa formal.

Bullying é bullying, não importa se está na internet ou no escritório. Tome medidas imediatas, não demore.

DEZ DICAS PARA EVITAR O BULLYING NO FACEBOOK

1. *Verifique suas configurações e só deixe seus amigos de verdade verem sua conta e falarem com você.* As pessoas só podem lhe intimidar se tiverem acesso às suas informações. Só aceite alguém como amigo se forem realmente amigos. Não se pode ser amigo de uma pessoa que não se conhece ou em quem não se confia. Se você for abordado e não tiver certeza de sua identidade, escreva: "Ah, desculpe, eu só não tenho tempo para mais amigos e membros da família do que os que tenho agora. Mas foi muito simpático da sua parte ter perguntado."

2. *Estabeleça um perfil limitado para que você possa controlar o quanto as pessoas*, além dos seus amigos aceitos, são capazes de ver. Lembre-se, uma pequena quantidade de informação sobre os seus movimentos ou interesses pode se tornar uma pista enorme para um agressor em potencial.

> **Dica**
>
> Nas *Definições*, vá até *Privacidade* e personalize a seção sobre quem pode visualizar seu perfil. Tenha muito cuidado com as configurações. Mantenha a maioria das coisas apenas para amigos confirmados — liste seus nomes na caixa de perfis limitados.

3. *Aprenda a bloquear amigos que não se comportam como tais.* Se alguém mostrar sinais de ser difícil ou desagradável, não demore: bloqueie-o imediatamente.

> **Dica**
>
> Vá nas *Configurações* e clique em *Bloqueio*. Lá você verá uma seção *Bloquear usuários*. Digite o nome ou e-mail da pessoa que você gostaria de informar. O Facebook avisará que uma vez que você tenha bloqueado uma pessoa, ela não poderá ser sua amiga no Facebook e não poderá interagir com você (exceto através de aplicativos e jogos que ambos usam).

4. *Aprenda a detectar táticas de bullying.* Conversas e comentários on-line podem facilmente esconder as verdadeiras intenções de uma pessoa. Às vezes é difícil detectar e é fácil interpretar mal um comentário inocente. Porém, os seguintes podem ser indicações de intimidação:

- Posts que dizem coisas indelicadas ou desagradáveis sobre você, seus amigos e as coisas com as quais você se importa.
- Abuso consistente sobre as coisas que você postou. Por exemplo: "Por que você posta coisas tão IDIOTAS? Você é um desperdício de espaço!"
- O uso de muita pontuação, como "O QUÊ???!!!", tem a intenção transmitir uma mensagem sem qualquer sutileza.
- O uso de CAIXA ALTA pode denotar uma atitude ameaçadora.

> **Dica**
>
> A etiqueta da comunicação on-line entende o uso de TUDO EM CAIXA ALTA como o equivalente a gritos, e, se a mensagem for acompanhada de palavras negativas ou implicâncias, presume-se que se trata de uma tentativa de intimidação.

- Fotos ou vídeos desagradáveis de você, ou marcação em postagens negativas, pode ser uma pista para o que está por vir.
- Uso de linguagem ameaçadora, assediadora ou baixa no bate--papo do Facebook.
- Grupo no Facebook iniciado com algo como "Dez razões para odiar Janet B" ou "Por que Ian é um gerente inútil".

5. *Procure por um padrão.* Certifique-se de que qualquer coisa que o perturbe não é apenas um comentário estúpido, mesquinho ou insultuoso que foi adicionado sem pensar. Pode ser apenas um descuido. Se acontecer de novo, suponha que seja deliberado. Será que isso reflete a forma como a pessoa reage a você na vida real? É algo que continua no comportamento do dia a dia?

   É possível que apenas uma coisa seja suficiente para estabelecer comportamento de assédio, como ameaçá-lo ou adicionar fotos comprometedoras de você com comentários sugestivos etc.

6. *Diga ao bully para parar.* Talvez baste pedir à pessoa para parar de incomodar você. Primeiro mande uma mensagem discreta. Se ele continuar assim, deixe um pedido público. Sabendo que seus outros amigos podem ler a mensagem, a vergonha pode fazê-lo parar. O bully é covarde e, geralmente, recua ao ser desafiado.

   Se o agressor for alguém que você conhece em um nível profissional, lembre-lhe de que precisa se manter profissional quando estiver on-line. Comente que o seu feed é lido por muitas pessoas que vão formar uma opinião sobre ele, assim como você! Se ele postar comentários desagradáveis, outras pessoas os verão.

7. *Fale com seus amigos íntimos sobre o que está acontecendo.* Eles podem ser capazes de deixar mensagens pedindo ao agressor para parar também, e tornar óbvio que o seu comportamento é indesejado e não tolerado.

8. *Não se rebaixe ao nível deles.* Você pode se sentir mais seguro respondendo da relativa "segurança" do seu computador, mas isso só vai aumentar o problema, e pode terminar em um confronto na vida real. Não demore para bloquear os bullies.

9. *Denuncie.* Não há necessidade de ser simpático se o assédio não cessou. Relate o comportamento que o incomoda. Contate os administradores do Facebook; mantenha registros e capturas de tela, descreva os fatos e o impacto que o bullying está tendo sobre você e solicite que tomem medidas. Para mais informações, consulte as instruções da própria rede social.

   A polícia deve ser envolvida se você recebeu ameaças físicas e insultos raciais, ou se suas fotos ou vídeos estão sendo alterados em programas gráficos para passar uma impressão falsa.

10. *Apague a sua conta do Facebook.* Se você estiver realmente infeliz, e as coisas parecerem fora de controle, considere excluí-la. Você pode criar uma nova mais para frente.

Não se esqueça de que você pode abrir uma conta nova no Facebook usando um dos seus outros sobrenomes.

Dica

Prepare-se para ter que esperar o Facebook apagar certas páginas. A empresa não é conhecida por ser rápida neste quesito.

Um último pensamento: para que você quer uma página no Facebook? O LinkedIn pode ser uma opção melhor para gestores e pessoas nos negócios.

Resumo

- Novas tecnologias fornecem a oportunidade que os valentões tradicionais queriam para se esconder atrás do anonimato de uma tela de computador e atuar como covardes que são.
- Limite sua vulnerabilidade ao cyberbullying sendo muito seletivo com o que você publica na internet. Você também deve manter registros de tudo e procurar apoio de outros se for atacado por um cyberbully.
- Se chegar a este ponto, envolva sua gerência, seu sindicato ou a polícia, mas não desista.

20. SE AS COISAS NÃO MUDAREM, VÃO FICAR NA MESMA

AS QUATRO FASES DA MUDANÇA

No início dos anos 1990, ficou famosa a frase "gestão de mudança". Eu nunca entendi realmente o significado dessa expressão. Qual é o propósito da gerência se não lidar com a mudança o tempo inteiro? A mudança está no âmago da gestão.

Na verdade, alguns dos gestores com quem me deparo são pouco mais do que gestores de processos. O teste dos verdadeiros é a sua capacidade de gerir a mudança. É preciso liderança, coragem e compreensão do que faz as pessoas reagirem. Por que as pessoas odeiam transformações? Aqui estão as respostas. Conheça as quatro fases da mudança:

Tabela 20.1 - As quatro fases

Resistência	Recusar-se a aceitar que as coisas estão mudando
Confusão	Ficar confuso sobre o que está acontecendo
Rejeição	Sentir-se rejeitado, abandonado ou indesejado
Caos	Caos, no sentido de que as pessoas descontentes procurarão outro emprego, boas pessoas irão embora (enquanto sabem que podem) e o restante trabalhará em um campo de batalha de ressentimento latente que torna impossível ver o que está acontecendo.

Nem todos passam pelas quatro fases, e a passagem de uma para outra não é necessariamente um caminho que todos seguirão. Mas você pode apostar que todos nós passaremos por algumas delas e alguns passarão por todas.

Dica
Entender as quatro fases é essencial para gerenciar mudanças.

Elas são as respostas emocionais que as pessoas, provavelmente, experenciarão. O local de trabalho mudou muito e ninguém espera um emprego que dure a vida toda. Todos trabalhamos onde trabalhamos por uma variedade de razões. Elas vão desde "o único lugar onde consegui um oportunidade" até "eu amo o que faço e as pessoas com quem atuo". Elas também podem ser "estou usando este trabalho como um trampolim para um melhor" ou, do lado oposto, "Estou preenchendo o tempo que falta até eu me aposentar".

Poderíamos listar mil motivos diferentes pelas quais mil pessoas trabalham onde trabalham. O que elas têm em comum? Com raras exceções, todos o fazem porque têm que fazer. As pessoas precisam do dinheiro. Em outras palavras, precisam da segurança. A mudança ameaça a segurança. Simples assim. Se as pessoas não se sentem tranquilas, ficam preocupadas e tornam-se difíceis, e a sua performance diminui.

LIDANDO COM PESSOAS DIFÍCEIS DURANTE UM PERÍODO DE MUDANÇA

A primeira coisa a se fazer é esperar que todos sejam difíceis! Mesmo daqueles que normalmente são agradáveis, espere o pior! Lembre-se da questão da segurança, que não existindo, corrói as pessoas simpáticas por dentro, bem como aquelas não tão simpáticas.

> **Dica**
> Raramente tudo tem de ser mudado. O truque dos mestres da mudança é reconhecer o passado e levar o melhor para o futuro. Vamos estudar as quatro fases com mais detalhes.

RESISTÊNCIA

Resistente? Claro que sim. Afinal, você tem sido um empregado leal há muito tempo. Você fez o seu melhor e deu tudo o que lhe foi pedido. E, de repente, alguém quer transformar o seu ambiente. Você vai para casa e resmunga para sua família, sai e resmunga para seus amigos, volta e resmunga para as pessoas com quem atua.

Qual é a resposta? Fácil. Pergunte "Christopher, eu sei que você está chateado com as mudanças que estão ocorrendo. Diga-me por que e vamos analisar se há alguma coisa que possamos fazer". Espere sempre por "Não me pergunte. Ninguém me ouve". Então, comente: "Lamento que você se sinta assim. Estou ouvindo agora. O que acha que eu deveria saber?" Indague sobre o que era bom no trabalho antes da mudança.

Não crie expectativas e seja realista. No entanto, você pode ser simpático, compreensivo e solidário. "Sei que toda transformação é difícil para todos nós, mas se não mudarmos para uma prática de trabalho mais atualizada, as nossas despesas continuarão a aumentar, afetando a nossa competitividade". Ou: "Sei quanta energia você colocou no seu trabalho, e essa é a razão pela qual gostaríamos que tentasse fazer isso de outra maneira. Quem melhor para testar essa ideia por alguns meses e ser capaz de avaliá-la com alguma experiência sólida?" Chegue a um acordo sobre uma linha de ação que envolva o Christopher Chateado.

CONFUSÃO

Se você tem feito o mesmo trabalho há anos, provavelmente da mesma forma, ficará confuso quando alguém aparecer e mudar tudo. É mais do que a "coisa do trabalho". Desta vez é uma questão de autoimagem e um sentimento de perda. É uma sensação comum entre os funcionários que já estão na organização há muito tempo. A transformação pode gerar neles um sentimento genuíno de perda.

Eles se perguntarão como (ou se) eles se encaixam. Destaque as mudanças e como elas podem levar a muito mais satisfação no emprego. Diga "Colin, você fez um ótimo trabalho para nós e esperamos que as alterações tornem tudo mais fácil/rápido/quieto/seguro/satisfatório/conectado [ou menos] com o cliente." Concentre-se no lado positivo da questão e em como ela se traduz em benefícios para o Colin Confuso.

REJEIÇÃO

De todas as quatro fases, esta é, provavelmente, a mais comum. Há uma questão escondida por trás dela: a comunicação. Quanto maior a empresa, mais complexa a mudança, mais rápida ela é introduzida e mais pessoas não terão a menor ideia do que está acontecendo.

Esta etapa precisa de toda a sua paciência. Você pode muito bem ter enviado 27 toneladas de newsletters, realizado sabe-se lá quantas sessões de briefing e bombardeado a organização com e-mails úteis. Haverá ainda um ou dois (ou mais, frequentemente, mais) indivíduos que não sabem o que está se passando.

Escute a opinião das pessoas sobre o seus novos departamento e local de trabalho ou sua nova função. Você vai ouvi-los dizer: "Já não há lugar para uma pessoa velha como eu." Explique como eles se encaixam na nova organização, as razões da transformação e o papel que podem desempenhar:

"Catherine, lamento se este processo fez você ter a impressão de que não lhe damos valor. Este com certeza não é o caso. O importante para a versão atualizada da empresa é ter pessoas experientes como você por perto; precisamos do seu know-how para nos ajudar a evoluir no futuro. Agora, diga-me, sobre o que você não tem certeza?'

Mas o truque é este: não pare por aí. As pessoas que afirmam estar confusas e não saber o que se passa, por vezes, usam isso como um mecanismo de defesa. Em outras palavras, elas não querem saber o que está acontecendo. Por isso, chegue a um acordo sobre alguns objetivos que estão relacionados com a mudança e monitore os resultados. Desta forma, os confusos se envolvem.

Dê à Catherine Rejeitada um lugar para se esconder e muitas vezes ela o fará!

Dica

As pequenas empresas também têm lapsos de comunicação. Os chefes pensam muitas vezes que, por se tratar de uma organização mais enxuta, todos sabem o que se passa. Não é verdade. As pequenas também precisam focar na comunicação!

Dois truques para gerir a mudança: explique bem o processo e traga as pessoas para perto. Aborde as transformações constantemente, sempre com a maior clareza possível.

Segundo, faça isso de uma forma que interesse as pessoas. Explique tudo, não do ponto de vista corporativo (isso precisa ser feito, mas não, neste momento), mas como isso as afetará, o que significará para elas em seu no dia a dia. As pessoas se sentirão, assim, envolvidas no processo de mudança.

Caos

"Não faço ideia onde me encaixo nesta confusão. Não sei o que deveria estar fazendo. Tudo o que sei é que isto está um caos." É provável que um dia você ouça isso de alguém.

Comece criando confiança. Peça a Charlie Caótico para explicar o que ele está entendendo sobre as transformações, depois diga: "Bem, esse é um bom resumo. Vamos parar um pouco e dar uma olhada nos detalhes." Não importa o que ele diga, é hora de começar do início e inseri-lo de volta no caminho certo. É melhor do que dizer, "Charlie, até um idiota completo poderia entender isto. O que está acontecendo com você?".

> Quando a gestão se torna manipulação? Os líderes eficientes mantêm a autoconfiança e o equilíbrio daqueles que os rodeiam. Eles encorajam os funcionários a acreditarem em si mesmos, e encontram formas de mostrar que acreditam neles.

Exercício

Reflita sobre um momento em que você tenha vivenciado mudanças. Consegue reconhecer os sentimentos descritos nas quatro fases? Como você se sentiu e como a situação poderia ter sido melhor tratada por aqueles ao seu redor?

Resumo

- A mudança tem o potencial de perturbar muitas pessoas e torná-las difíceis de lidar, porque ameaça a segurança dos seus empregos e da sua vida.
- As pessoas vão, normalmente, resistir à transformação. Peça-lhes que expliquem o seu raciocínio, e veja se há algo que possa fazer para aliviar as suas preocupações.

- A mudança também causará muita confusão e dúvida nas pessoas; tranquilize-as e esclareça onde elas estão em relação às mudanças que estão acontecendo.
- As pessoas se sentirão abandonadas em períodos de mudança, e isto tem a ver com a falta de comunicação. Certifique-se de que elas estejam informadas e engajadas neste processo, e não deixe que se percebam de fora.
- Se as pessoas sentem que a situação é caótica e não sabem como se encaixar na mudança, analise os detalhes com elas.

21. UM GUIA RÁPIDO SOBRE CONFLITO E COMO LIDAR COM ELE

O QUE É CONFLITO

A definição precisa de "conflito" é: um desacordo direto de ideias ou interesses, uma batalha ou luta, antagonismo ou oposição. Acrescente a isso incompatibilidade e interferência e você fica com uma imagem bem feia.

Tenha a definição que tiver, você saberá quando estiver acontecendo. O que está envolvido no conflito ou, como diria um guru, quais são as suas dinâmicas?

Há dois fundamentos em jogo:

- as diferenças objetivas entre os participantes.
- as emoções e percepções que aparecem como a cereja no bolo.

As pessoas reagem a conflitos de cinco maneiras básicas:

1. Adiar: elas vão evitá-lo, fingir que não existe e adiar o enfrentamento.

2. Aceitar: resulta em deixar alguém ganhar o conflito, conseguindo o que quer.
3. Negociar: elas procurarão um ganho para ambos (ou para todos) os lados, desistindo de algo para chegar a um acordo.
4. Insistir: quando um ou todos os lados não estão preparados para ceder e continuam a bater até caírem!
5. Colaborar: quando se chega a uma solução mutuamente acordada e todos têm as suas necessidades atendidas. Não necessariamente perfeitas, mas atendidas.

O número cinco, colaborar, é o ideal, mas é o mais difícil de se conseguir. Exige paciência e persistência — com alguns galões de suor! Para isso, é importante reconhecer os elementos do conflito. Você não pode lidar com as diferenças de uma forma clínica sem considerar as emoções envolvidas.

Dica

Seja claro, os conflitos não serão efetivamente resolvidos se a liberação de emoções não for facilitada durante a resolução.

LIDANDO COM O CONFLITO: DEZ PASSOS PARA ESFRIÁ-LO

O que você pode fazer sobre os conflitos? Eles são inevitáveis? Não, não são. Na Tabela 21.1 estão dez passos para desanuviar a situação, aliviar a tensão. Você pode ser aquele que leva tudo a sério, ou pode ser aquele que se mantém calmo sob o fogo cruzado. Você pode ser o pacificador e não precisa ser a encarnação da Madre Teresa para fazer isso. É simples, na verdade.

Tabela 21.1 - Dez passos para esfriar um conflito

Passo 1 Lide com a agressão pessoalmente	Não por e-mail, texto ou telefone. Os pacificadores "fazem as coisas cara a cara". Difícil? Às vezes, sim. Mas deixar mensagens e enviar bilhetes educados apenas cria uma situação na qual ressentimentos, rancores e hostilidades irão crescer.
Passo 2 Demonstre que você entende	Use a frase "eu entendo", mas com cuidado. Dizer isto pode transmitir a ideia de apoio e compreensão. Também dá margem à resposta: "O que quer dizer com 'você entende'? Como poderia entender?" É melhor usar o conceito de compreensão, mas de uma forma diferente. Tente: "Vejo que você está muito chateado. Há algum tempo, eu tive um conflito intenso com alguém e estava furioso. Acho que você está sentindo o mesmo. Se sim, então acredito que entendo o que está passando pela sua cabeça." Dizer "eu entendo" implica um conhecimento superior ou um paternalismo, e é provável que isso piore a situação. Mostrar que você tem uma compreensão de quão chateada ou perturbada a outra pessoa se sente ajuda a acalmá-la.
Passo 3 Resista ao impulso de fugir do conflito	Especialmente se você se sente ameaçado. Se você se sentir ameaçado pelo que alguém lhe diz, resista à tentação de se esconder e tornar-se não comunicativo. Você não vai resolver a situação se ignorá-la. Mantenhas as linhas de comunicação abertas.
Passo 4 Não se zangue	Concentre-se na questão que acendeu toda essa ira e encontre uma pergunta para fazer. Então, quando um colega o frustrar com um prazo, diga "Dick, posso lhe pedir para deixar esse trabalho na minha mesa até amanhã de manhã, por favor?". Por que fazer um pedido? Primeiro passo, pensar no pedido certo a fazer fornece um nanossegundo para você guardar os fósforos e esquecer de acender o fusível. Segundo, isso impede que você transforme um problema em um conflito mais amplo.

Passo 5
Torne-se um espelho ou um gravador

Se alguém está falando de uma forma agressiva e ameaçadora, repita as palavras exatas que usou para aborrecê-lo. Reproduza-as exatamente da mesma maneira. "Então, Maureen, o que você está dizendo é... (depois repita de novo)". É provável que, quando a pessoa tiver ouvido o que disse, verá como é inapropriado ou prejudicial, e se acalmará. Às vezes, é preciso repetir as frases mais de uma vez. Esta técnica mantém o foco em uma questão e evita que a conversa atinja um ponto sem volta. No discurso do guru de gestão, chama-se centralização e manter a questão em foco.

Passo 6
Responsabilize-se pelas suas emoções

Não tente transferir a responsabilidade pelas suas emoções para outra pessoa. É a sua raiva, por isso você precisa ser responsável por ela. Experimente dizer: "Peter, fico muito chateado quando você me entrega projetos tarde e não me avisa que está atrasado." Isso é muito melhor do que: "Você me deixa furioso quando está atrasado com as coisas!" Percebeu a diferença? Não há transferência de culpa, e isso deixa Peter com a obrigação apenas de explicar o seu atraso, e não, de ter que lidar com a sua raiva também. Sutil, mas funciona — sério! Ou o seu dinheiro de volta!

Passo 7
Imagine-se do outro lado do conflito

Se você está tentando administrar um conflito, imagine-se colocando cada lado da discussão na balança. Torne-se uma espécie de juiz em seu tribunal. Seja justo com ambos os lados: "Por um ângulo, vejo que os engenheiros não poderiam ter entregado o projeto a tempo porque o departamento de vendas não lhes tinha dado os desenhos do cliente. Por outro, esses mesmos engenheiros sabiam que o trabalho precisava ser entregue em oito semanas e deveriam ter pedido as informações que precisavam. No entanto, a equipe de vendas poderia estar mais atenta sobre como a não entrega comprometeria todo o projeto. Acho que todos carregam a sua parte da culpa. O que precisamos fazer para corrigir esse problema e garantir que não volte a acontecer?"

Passo 8
Controle as suas emoções

Tenha orgulho em conter o seu temperamento. Controle-se, agarre-se à calma. Quanto mais você praticar a tranquilidade, melhor trabalhará. Quando o conflito olha para você de frente, diga para si mesmo: esta é a oportunidade de ter autocontrole, ficar calmo e relaxado. Quanto mais fizer isso, melhor vai ficar. Prometo! Ou o seu dinheiro de volta!

Passo 9
Faça uma pausa

Não faça nada. Se você sabe que está prestes a explodir, mantenha-se longe do gatilho. Dê um tempo para você, longe dos outros e do incidente. Se alguém pôs em risco todo o seu trabalho, concentre-se no que precisa ser feito para salvá-lo. Deixar alguém saber como você se sente pode fazer você se sentir melhor, mas não vai resolver a questão. Colocar tempo e distância entre você e a "pessoa que causou toda essa tristeza" vai tirar a intensidade da emoção, e você será capaz de estabelecer a verdade e chegar ao fundo do problema com mais habilidade.

Passo 10
Dê a si mesmo permissão para se sentir emotivo

Faça isso com dignidade. Nada de bater portas ou socar mesas. Isso assusta as pessoas, elas vão rir de você. E o mais importante de tudo, todos vão se lembrar do dia em que você perdeu o controle. Você será lembrado por isso. Será visto como imprevisível e não confiável.

Vai perder a calma? Faça-o com decoro e escolha as suas palavras com cuidado. Seja lembrado por ser inteligente, e não, por ser destemperado!

Exercício

Pense na última vez em que você passou por um conflito. Qual dos dez passos descritos acima você conseguiu realizar? Olhando para trás, como você poderia implementar alguns deles? Teria feito alguma diferença? Se sim, como?

Resumo

- Os conflitos são compostos pelas diferenças de opinião que as pessoas possam ter, bem como pelas diferenças emocionais e perceptivas que acompanham esse fato.
- As emoções confundirão o processo, mas estão intrinsecamente ligadas ao conflito. Por isso, antes de mais nada, lide com elas.
- Sempre administre a agressão cara a cara.
- Demonstre simpatia e tente entender o ponto de vista da outra pessoa.
- Tente resolver as coisas, mas não deixe que a resolução se torne física.
- Peça às pessoas para remediar as coisas primeiro.
- Repita o que as pessoas lhe dizem para que possam ver como estão se comportando.
- Reconheça como se sente, e comunique aos outros também.
- Tente ver os dois lados da discussão.
- Mantenha as emoções sob controle.
- Respire fundo se achar que não vai conseguir conter o conflito.
- Se ficar irritado, escolha suas palavras com cuidado e não exagere.

22. E, FINALMENTE...

Se toda esta conversa sobre pessoas difíceis o deprime, pense naquelas que o fazem feliz, nas que o encantam, naquelas que você anseia por ver e que iluminam a sua vida. Os colegas com quem têm o prazer de trabalhar e os associados que são confiáveis, honestos, abertos e divertidos.

Como lidar com eles? À medida que o universo, a galáxia, o mundo, o continente, o país, o estado, a cidade e onde você trabalha fazem cada vez mais uso da tecnologia para gerenciar suas informações e mensagens, é fácil esquecer uma das maiores ferramentas de motivação de todas. É simples e está se tornando uma espécie em extinção. Está sendo eclipsada por e-mail, mensagens de texto e transmissão de dados. Os elementos da melhor e mais fácil ferramenta estão provavelmente na sua mesa neste momento. Eles são a caneta e o papel. Nunca ignore o poder da nota escrita à mão. Um cartão de agradecimento ou um bilhete para dizer "mandou bem" pode ter um impacto enorme. Use uma nota manuscrita para destacar o quão bem alguém se saiu.

Dê uma dica aos colegas: "Enviei um bilhete à Mary para dizer o quão bem eu acho que ela lidou com aquela situação complicada com a conta de Oxford. Você não acha que ela fez um ótimo trabalho?"

Escreva ao seu chefe (por que não?): "Obrigado por me ajudar em um momento difícil, eu realmente gostei disso."

Deixe uma nota para seus clientes: "Eu queria que você soubesse o quanto nós apreciamos a chance de cuidar de suas necessidades da cadeia de suprimentos. Faremos o nosso melhor para lhe entregar um ótimo serviço."

... e, finalmente, de verdade:

Obrigada por comprar este livro! Espero que seja útil para você.

RL

COMO MOTIVAR UMA EQUIPE DE VENDAS

Certa vez me contrataram para motivar uma equipe de vendas. Foi um pesadelo pensar em formas novas de suborná-los para terem um melhor desempenho! Eles formavam um grupo talentoso. Brilhantes e nem um pouco trouxas. Tiveram sucesso, altos rendimentos. Encontrar truques para aumentar a performance foi se tornando cada vez mais difícil.

Um dia, enquanto analisava os relatórios e os números, tive uma ideia. Em média, a equipe consegue vinte vendas em potencial, e, dessas vinte, fecha duas vendas reais. Isso significava que precisávamos de dezoito pessoas que dissessem não para chegar a duas que diriam sim.

Eu virei todo o sistema de relatórios e recompensas de cabeça para baixo. Encorajamos as pessoas a obterem os nãos. Dessa forma, quanto mais respostas negativas obtivéssemos, mais perto estaríamos do sim. Houve um ponto interessante. Quanto mais confusão fazíamos a respeito do não, mais interessada ficava a equipe em falar sobre a razão pela qual os potenciais clientes negavam o negócio. Não havia mais vergonha profissional por conseguir um não.

As técnicas foram analisadas, a apresentação de vendas foi refeita e a oferta do produto, refinada. Realmente funcionou, e a perspectiva de vendas efetivas duplicou à medida que compartilhávamos os nossos fracassos bem como os nossos sucessos.